売場ですぐに
活用できる！

# お客様に
# ワクワク買わせる
# 「インストア・プロモーション」のアイデアとテクニック

永島 幸夫
Yukio Nagashima

同文舘出版

# はじめに

## 今だからこそ！　インストア・プロモーション

２００９年に東京・池袋駅前の三越が50年間の営業に幕を閉じた。店舗入口で開店待ちのお客様にティーサービスを行なうなど、ユニークなサービスをしていたが、私の目からすれば肝心な売場のインストア・プロモーション（店内販促）が欠けていた。基本的には、「商品を並べておけば売れる」的な発想から抜け切れなかったように思う。

その中でも、地下の食品売場でいつも感服する店があった。和菓子の店（テナント）だが、池袋駅コンコースにつながる人通りが多いエスカレーターからは目立たない位置に売場があるため、知恵を出したのだろう。

厚紙に店名と本日のお買い得品を書き、それを持ってエスカレーター前にスタッフが立ち、懸命に売場のほうへお客様を誘導しているのである。私の観察調査だが、この販促で買い上げ客数50％以上のアップは間違いない。

手づくりの厚紙看板の制作はコスト０円、客数は50％アップ。これがインストア・プロモーションなのだ。

### ❖インストア・プロモーションの実践へ一歩踏み出そう！

最近の売場づくりは、戦後の物不足の時代にあった「商品を並べれば売れる」発想に戻りつつあるように思う。もちろん当時と比べれば、おしゃれな店舗デザイン、設備機器、陳列器具、情報システムなどは飛躍的な進歩を遂げた。また、インストア・プロモーションの要ともいえる陳列技術、ＰＯＰ広告技術なども飛躍的に進化した。

それでも期待通りに売れないのはなぜだろう？

陳列、ＰＯＰ以外にも、店内販促の仕掛けが不足しているのである。本書で紹介するインストア・プロモーションのコンテンツを積極的に実行している店が不況時でも大繁盛している例がそれを示している。

一方では、よい商品を並べれば売れるはず、という発想でインストア・プロモーションを展開しない店は苦戦を強いられている店が少なからずある。

とにかく、インストア・プロモーションは少ない費用で簡単にできるのだから、実行して儲かる店になってほしい。

この本が、売場にかかわる多くの皆様のお役に立つことができれば幸いである。

２０１０年１月

永島幸夫

# お客様にワクワク買わせる「インストア・プロモーション」のアイデアとテクニック

もくじ

## Part 2 今すぐできる！ 売上が伸びる「陳列」のテクニック

## Part 3 楽しくて毎日来店したくなる！「エンターテインメント・プロモーション」

## Part 5 インストア・プロモーションの要！ 売れるPOPのアイデア

## Part 6 儲かる店の「セール演出」のすごい見せ方



## Part 7 セール売上を倍増させる「VMD」の売場展開法

## Part 8 メーカーと協調の「タイアップ・プロモーション」で拡販する

カバーデザイン◉齋藤 稔
本文DTP◉エムツーデザイン
本文イラスト◉田崎 祐喜子

**Prologue**

# インストア・
# プロモーションの
# ノウハウをすべて公開！

# 1 今すぐ売上アップできることが実は驚くほどある！

## ❖商品を並べておくだけで、期待通りに売れるか？

戦後、棚に商品を並べれば何もしなくても売れた物不足の時代があった。

最近の売場は現代的にはなった。しかし、インストア・プロモーションを展開している店と、していない店の売上の格差は非常に大きい。

極端ないい方をすれば、戦後と同様に棚に商品を並べているだけの店ではダメなのだ。

一方で、インストア・プロモーションを展開している店は不況時でも大繁盛している。

## ❖あなたは今日も大きな売上を逃している！

商品がよければモノは売れる——それは当たり前。でも、考えてみてほしい。その商品はあなたの店だけでしか売っていない商品だろうか？　価格競争に巻き込まれたらどうなるだろうか？

店にとって、売れる商品を仕入れたり、開発したりと、商品に力を入れることは、当たり前だし絶対に必要なことだ。

しかし、「商品」以外の部分で、どれだけお客様に喜びや驚きやワクワク感を与え、どれだけお客様に気持ちよく、かつ財布の紐をゆるめていただくかを、もっともっと真剣に考える必要がある。これがインストア・プロモーションなのだ。

もちろん、あなたは毎日考えていることだろう。

でもそれだけで本当に十分だろうか。他に工夫できることはないだろうか？　あるいは視点がマンネリ化していないか？

まだ十分じゃないという方は、本書のインストア・プロモーションを参考にしてもらい、本当にそれができた時、あなたの店は、どんな不況時でも競争に勝てる独自のノウハウを持つことになり、お客様の満足と安定した売上につながる。

本書を読めば、あなたが今すぐ売上アップするためにできることが、実は驚くほどたくさんあることに気がつくだろう。

本書では今すぐできる、ありとあらゆるインストア・プロモーションのノウハウを余すことなく取り上げた。

しかもこれらのノウハウは、すでに効果が検証済みのことばかりで、お金をかけず、すぐにカンタンにできる、もうこれ以上悩む必要のない最強のノウハウといっても過言ではない。

# 2 ローコストで驚くほど儲かる店ができる

### ❖本書のコンセプト

インストア・プロモーションとは、店内販促のことである。世の中にはインストア・プロモーションに関係した本はすでにあるが、現場（売場）の人達には、残念ながらあまり役立たない理論的な本であることが多い。本書は、それらとはまったくコンセプトが違う。

インストア・プロモーションのテクニック、アイデア、手法、手順、事例、成功するための仕組みづくりなどを豊富な図解とイラストで具体的にわかりやすく解説したものである。

しかも、売場ですぐに実行できるものばかりである。

### ❖不況期こそインストア・プロモーション

今更いうまでもないが、インストア・プロモーションの重要性に気づいてもらうために、小売業を取り巻く現代の厳しい経営環境を確認しておこう。

少子高齢化や人口減少など個人消費は縮む傾向にあるが、小売業は、内需拡大の先頭に立って個人消費を喚起する役割を担っている。

一方では、厳しい経営実態があり、経営者は販促費用の捻出に苦労している。

インストア・プロモーションは仕掛けなければそれだけのことだが、仕掛ければ必ず相応の成果が出る。

インストア・プロモーションの最大のメリットは、極めて低コストでできて、成果が目に見えることだ。

例えば、ＰＯＰ広告1枚で売上が20倍になった例などは珍しくない。

つまり、不況期こそインストア・プロモーションがその威力を発揮するのだ。

## ❖安売りしなくても売れる店ができる

不況期になると「安くしなければ売れない」という考えがある。

しかし、本当に売れないのだろうか？

そんなことは断じてない。本書で紹介するインストア・プロモーションを展開している店は、安売りなどしなくても、昨対売上をクリアしている。

本書を読んで、経営体力を消耗する安売り競争から脱却してほしい。お客様の視点に立ち、インストア・プロモーションを効果的、効率的に積み重ね、売上と生産性を上げることだ。

## 本書でのインストア・プロモーションの体系

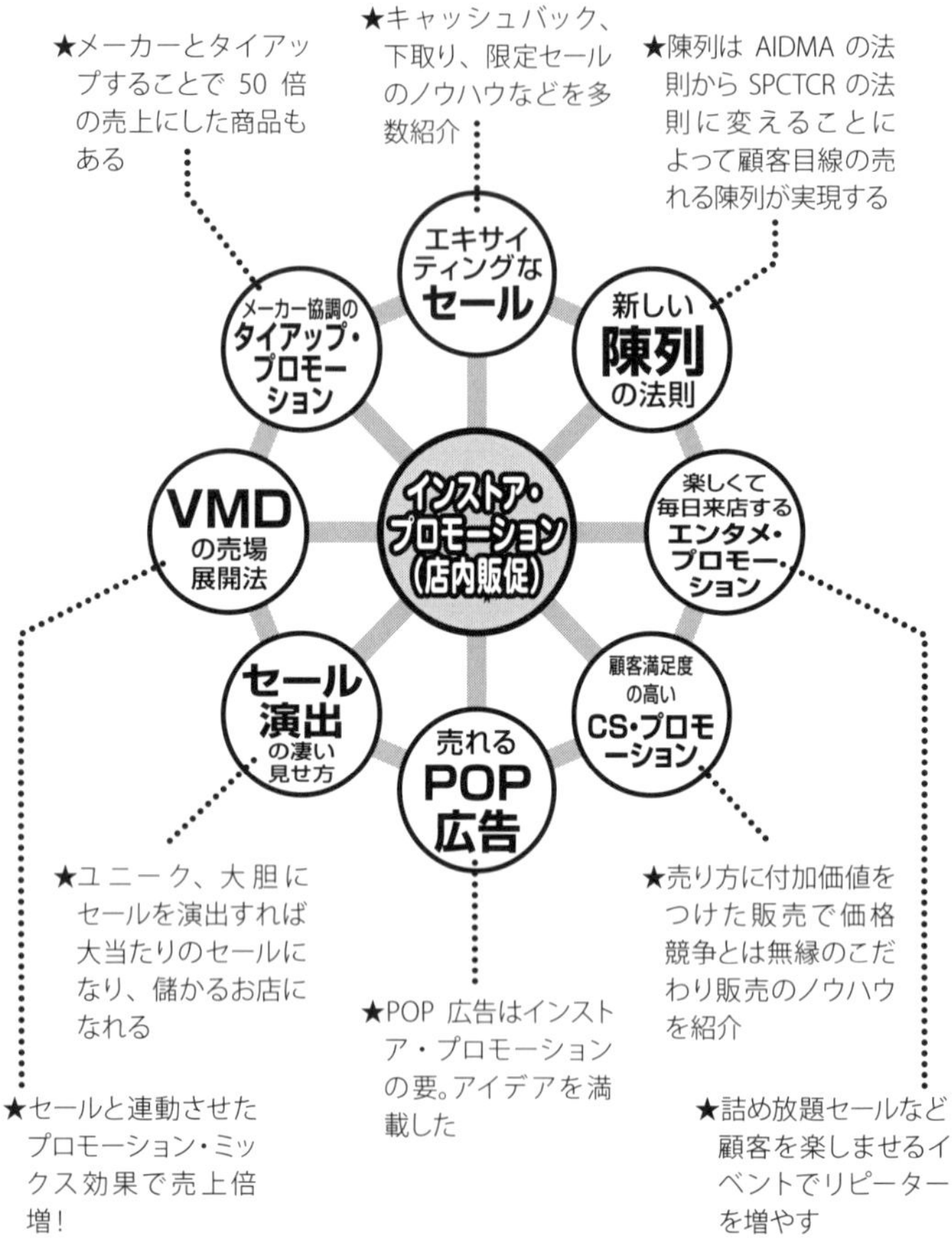


**それぞれを連鎖させることでプロモーション・ミックス効果が生まれ、売上はさらに倍増する**

# Part 1

# 毎日がエキサイティングな「セール」で集客する

# 1 すぐに役立つセールタイトルヒント集とラフ案のつくり方

セールを成功させるためには、まず次の3つを明確にする。

**①タイトルを決める**……これがセールの打ち出しテーマである。このテーマに沿ってセール商品を品揃えすることはいうまでもない。単純な価格訴求だけではお客様の財布の紐はゆるまない。タイムリーなテーマを打ち出せば需要は必ず喚起される。

**②キャッチコピーをつける**……タイトル訴求だけでは打ち出しテーマは伝わりにくい。これを補完するのがキャッチコピーだ。生活実感のあるものであれば説得力が倍増して、お客様は商品の必要性に気づく。必ずキャッチコピーをつけよう。

**③チラシのラフ案は自店でつくる**……チラシを打つ場合は、そのラフ案は業者任せにせずに自店で作成しよう。手順は、昨対実績などからサイズと色を決める→商品部門ごとの割付けをする。この際、左右対称のレイアウトにするなど、見栄えをよくする→商品部門ごとに商品点数と掲載商品を決める。この際、競合店の価格、点数ともに負けないものにする。

チラシを打たない場合は、①と②をＰＯＰ広告や捨て看板などで対応すれば十分である。

## セール「タイトル」大ヒント集

| | | |
|---|---|---|
| **春**の「タイトル」ヒント集 | ・GW 行楽メニュー大集合<br>・しっかりバランス！　新社会人の朝食特集<br>・お花の下で食べるとおいしさ格別！　お花見大特集<br>・お母さんありがとう「母の日特集」<br>・春の味覚満載「食卓応援セール」 | ・おいしく食べて健康を応援！<br>・季節を彩る、新鮮コーディネート<br>・毎日を快適に「イキイキ生活」<br>・春を迎えにいこう！　春のおしゃれコレクション<br>・春満開！　春の行楽フェア |
| **夏**の「タイトル」ヒント集 | ・涼を呼ぶ初夏の味フェア<br>・さっぱり！　おいしい「涼味大市」<br>・夏の元気応援！「夏市」<br>・産地直送うまいもの市<br>・ご家族の健康応援します<br>・夏の強烈 3 days Special<br>・父の日 満足ギフト | ・一品残らず売りつくし！　これにて夏物終了宣言<br>・夏の健やか・キレイを応援<br>・さわやか快適生活<br>・雨シーズン対策用品フェア<br>・夏物衣料売切り市<br>・夏のポロシャツまとめ買いセール |
| **秋**の「タイトル」ヒント集 | ・敬老の日のごちそうに！<br>・秋の旬食べつくし<br>・収穫祭！　お買い得大豊作<br>・くらし応援！　半期決算増量セール<br>・季節の変わり目！　秋のスキンケア特集<br>・スタイルで選ぶ、秋衣替え特集 | ・今着たい！　秋カラー特集<br>・お風呂が楽しい季節！　入浴用品フェア<br>・最旬トレンド！　この秋のベストスタイル<br>・秋の行楽特集<br>・本日スタート！　10 月祭 |
| **冬**の「タイトル」ヒント集 | ・家族で囲むあったかお鍋<br>・初春市！　○○年スタート<br>・生鮮市場！　初冬の味覚市<br>・体調管理のしっかりセール<br>・冬の北海道フェア<br>・冬のあったか快適セール<br>・冬の準備 OK！　いいものお安くセール | ・冬物徹底処分市<br>・ときめき&きらめきのクリスマスセール<br>・ドーンと歳末大売り出し<br>・本年最後の超お買い得市<br>・新春福袋セール |

## セール「キャッチコピー」大ヒント集

| | |
|---|---|
| 春の「キャッチコピー」ヒント集 | ・忙しい朝に、簡単ご飯で応援！<br>・家族みんなで春を着こなす<br>・春のお庭づくりを応援<br>・毎日の生活用品をリフレッシュ<br>・ホップ ステップ 新学期<br>・ちょっぴり気取った初出勤<br>・個性が光る春到来<br>・トレンド先取り！　春のおすすめアイテム<br>・今日からスタート！　春の新生活<br>・春の健康ライフ応援します<br>・おしゃれなちびっ子大集合<br>・フレッシュマンのニューアイテム大集合<br>・春風にのって！ スポーツ気分 |
| 夏の「キャッチコピー」ヒント集 | ・夏のスタミナ料理大集合<br>・涼を呼び込む夏の暮らし<br>・選んで！　揃えて！　暮らしの必需品<br>・ひんやりおいしい夏の涼味<br>・飛び出せゴールデンウィーク<br>・当店今日より夏モード<br>・心うきうき！　夏が来る<br>・雨の日が好きになる<br>・どしゃぶりバーゲン開催中！<br>・夏物最終処分！　レジにてさらに○割引<br>・おもかじいっぱい夏気分<br>・食欲増進スタミナメニュー<br>・真夏前線北上中 |
| 秋の「キャッチコピー」ヒント集 | ・実りの秋の実り市<br>・しっかり朝ごはん＆手づくりお弁当<br>・食欲の秋！　健康意識を高めよう<br>・家庭を応援！　厳選特価<br>・夏のダメージクリアー！　秋のビューティケア<br>・一人旅！　秋を見つけた<br>・秋のおしゃれパレード<br>・軽快！　爽快！　秋の生活雑貨市<br>・秋色深々！　秋のお買い得アイテム<br>・季節の変わり目！　しっかりスキンケア |
| 冬の「キャッチコピー」ヒント集 | ・今年の初鍋はこれで決まり！<br>・旬の味覚で冬パスタ<br>・ペットの冬支度を応援！<br>・冬の行動派集合<br>・さよなら○○年<br>・ファッショナブル・ウィンター<br>・冬将軍到来！　冬の準備おすみですか<br>・あったかな冬の暮らしを特価で応援！<br>・冬本番！　今すぐ欲しい冬のアイテムがいっぱい<br>・厳しい寒さにビューティ・サポート<br>・年末の家計応援！<br>・冬の健康サポートします |

## 折り込みチラシのラフ案の作成例

▶チラシのラフ案は自店で作成しよう!

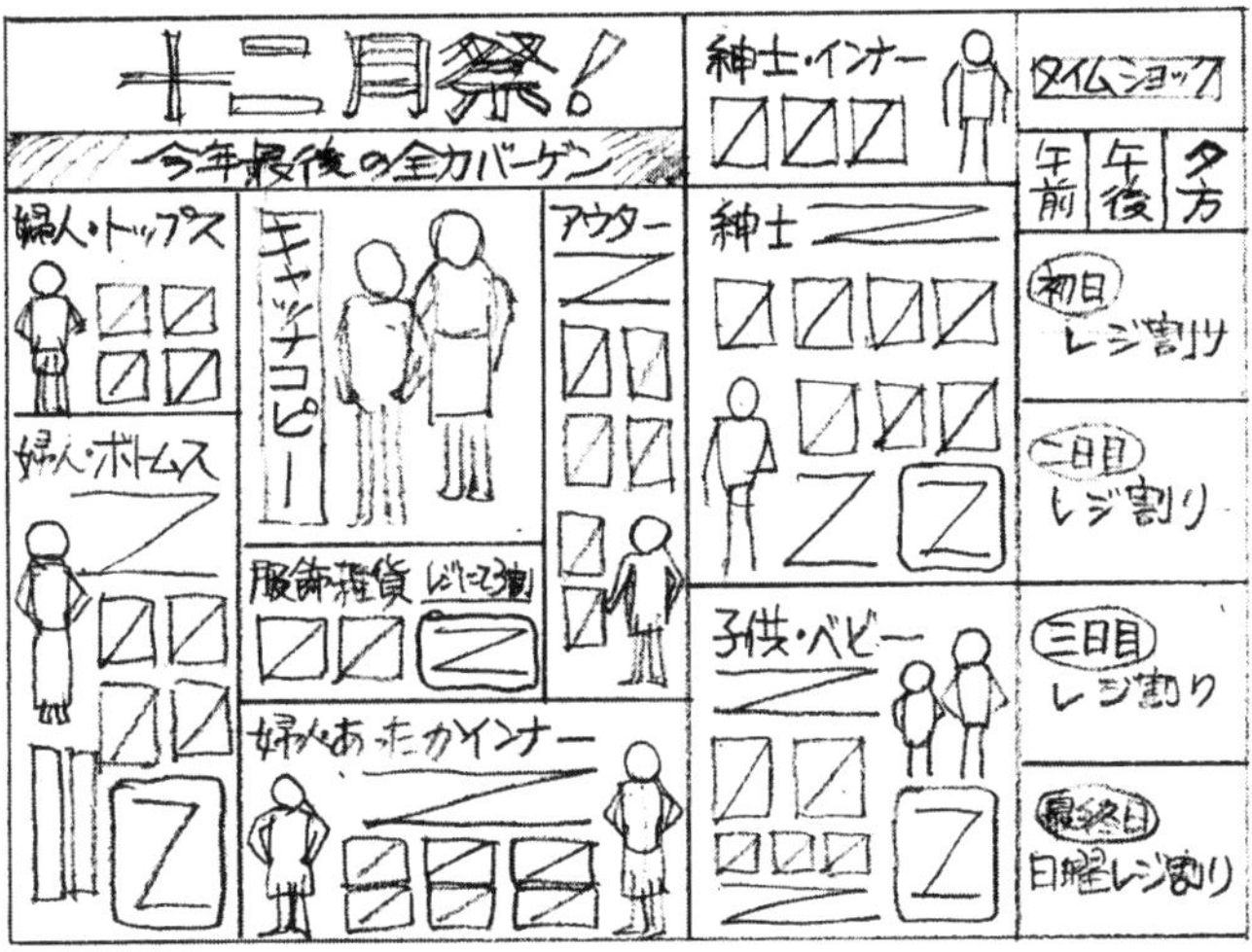

## 2 うれしいと思わせる「キャッシュバックセール」のノウハウ

キャッシュバックセールは一般的には次のようなやり方で行なわれる。現金還元の対象は、①レシート一枚の税込み合計金額を対象とする、②複数のレシートでの合算は対象外とする、③お買い上げ当日のレシートに限る、というパターンが考えられる。

お買い上げ金額とキャッシュバック額の関係は早見表で案内するのがわかりやすい（左ページ上表）。現金の渡し方には演出が必要だ。単純にレジで渡すのでは、おつりをもらっている感覚で通常の割引販売と印象が変わらなくなる。これではうれしさも有難みも半減だ。人手とスペースがあれば、キャッシュバック専用カウンターを設けて、ここで祝儀袋などに入れた現金を渡せば、お客様はうれしくなること請け合いである。

キャッシュバックセールは、還元額が大きいほど効果的だから、客単価が大きい商品を扱っている業種に向いたセールといえる。

こうした一般的なやり方以外にも、キャッシュバックセールのバリエーションはいろいろある。左ページ下表を参考にして自店に合ったやり方を検討してほしい。

## キャッシュバックセールに取り組もう

### ▶キャッシュバック早見表の例

**キャッシュバック額はこの早見表でお確かめください**
レシートの合計が1万円以上ならキャッシュバック!

| お買い上げ額 | キャッシュバック額 |
|---|---|
| 1万円以上～2万円未満 | 1,000円 |
| 2万円以上～3万円未満 | 2,000円 |
| 3万円以上～4万円未満 | 3,000円 |
| 4万円以上～5万円未満 | 4,000円 |
| 5万円以上～6万円未満 | 5,000円 |

### ▶キャッシュバックセールのバリエーション

| タイトル | 内　容 |
|---|---|
| 現金つかみ取りセール | 5円玉、10円玉、100円玉の入った壺をそれぞれ用意する。お買い上げ金額により抽選をして、該当する壺から現金をつかみ取りしてもらう |
| 現金が当たる！〇〇セール | 「〇〇セール大抽選会」として、期間中のお買い上げ客、毎日先着100回の抽選でキャッシュバック。1,0000円お買い上げで一回抽選<br>一等　5,000円　　四等　500円<br>二等　3,000円　　五等　50円キャッシュバック<br>三等　1,000円 |
| 身長分の1,000円札プレゼント | 1,000円札をタテ（15cm）に並べ、当選者の身長分をプレゼントするという変わった趣向のキャッシュバック。身長150cmの人で1,000円札10枚分（1万円）が当たるという計算 |
| お買い上げ代金全額キャッシュバック | 期間中キャンペーン商品お買い上げのお客様の中より抽選でキャッシュバック<br>A賞　10名様　お買い上げ金額全額キャッシュバック<br>B賞　20名様　お買い上げ金額半額キャッシュバック<br>C賞　50名様　1,000円の商品券プレゼント |

# 3 買い替え促し大当たり！「下取りセール」

昔から「古い蚊帳を下取りして新しい蚊帳に」といった商法が見られるように、「下取りセール」は古くからある販促方法だ。

近年、販売不振を打開するために始めた「下取りセール」が流通業界に再び広がっている。その狙いは商品の買い替えを促すことにあるが、新規顧客の開拓にもつながっている。

先陣を切ったのがイトーヨーカドーで、衣料品を５０００円買うごとに、不用の衣料品を１点１０００円で下取りするセールを全国店舗で始めた。前年同期比2割増の売上という。小田急百貨店では、婦人靴を対象に下取り一点につき１０５０円の割引券を渡したところ、2週間で15万３５００足（3店舗合計）の靴が集まり、前年同期比2倍の売上という。下取りした製品の大半は、破棄されたり焼却処分されるが、一部は途上国に寄贈したりリサイクルにまわしている。「捨てるには躊躇するが、下取りして代わりに捨ててもらえるのなら、新しい商品を購入してもよい」という消費者心理をついたセールである。業界によって新製品の発売集中期があるが、この機に期間限定の「下取りセール」を打つと効果的である。

## 「下取りセール」対象商品の一例

| | |
|---|---|
| イトーヨーカドー | ●扇風機、炊飯器、布団、ランドセル、体重計、学生服などの住居用品60品目 |
| 小田急百貨店 | ●婦人靴<br>●紳士靴<br>●スポーツシューズ<br>●女性用バッグ |
| 大丸 | ●アクセサリー（東京店のみ）<br>●婦人靴<br>●紳士靴 |
| 松坂屋 | ●女性用水着（名古屋店のみ）<br>●紳士スーツ |
| そごう・西武百貨店 | ●婦人靴<br>●子供靴<br>●女性用バッグ<br>●フライパン、やかん、鍋 |

（毎日新聞調査）

# 4 行列のできる賞味期限切れ直前商品の半額セール

賞味期限まで数ヶ月を切ると、卸やメーカーに膨大な食品が返品され、廃棄される。その実態を逆手にとって人気を集める小売店がある。業界の〝販売期限切れ〟を理由に返品される商品を独自ルートで仕入れて、行列のできる集客をしている店だ。

例えば、賞味期限が数日以上残っているチョコレートを通常の半額以下の48円、同様に10日残っているヨーグルトは通常の３分の１程度の１１８円といった具合である。安全性はもちろん、味にも問題がないため、お客様の人気を集め、開店前に２００人以上の行列ができることもある。

このセールで大事なことは、こうした「ワケあり商品」であることをお客様にわかりやすく表示することである。なぜ安いかを納得してもらえれば購入してもらえる。

農産物の規格外商品のセールも同様の反響がある。形や大きさなど、流通の都合で市場に出回らない野菜や果物があるが、味や品質には問題はない。地元農家と提携してこうした商品を出荷してもらい直売コーナーで割安販売を行なうセールである。

## 行列のできる賞味期限直前商品の半額セール

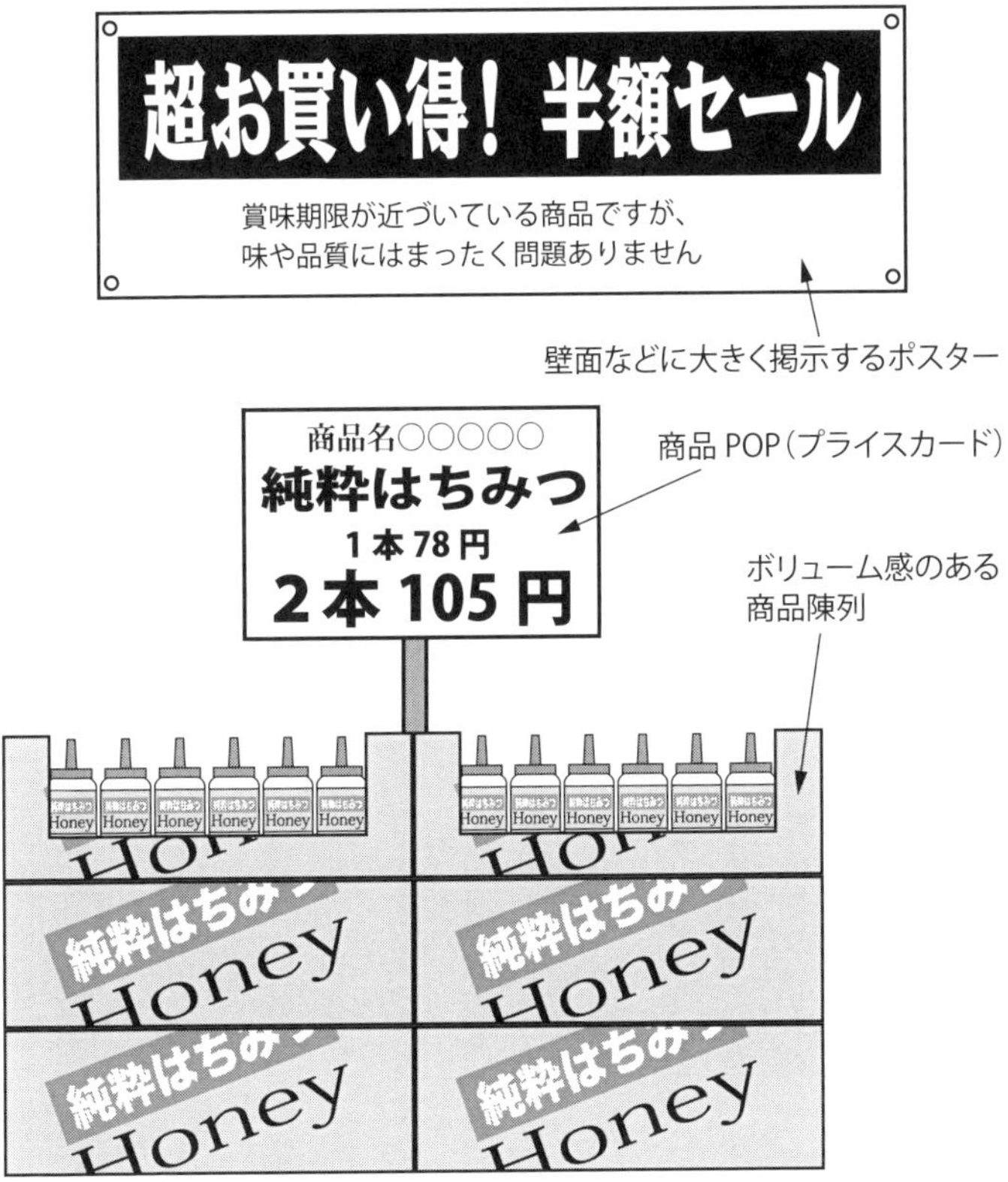


**■賞味期限**
牛乳、ハム、冷凍食品、菓子類など保存がきく商品に表示され、品質の保持が十分に可能と認められる期限を示す。賞味期限を過ぎても食べられないわけではない

**■消費期限**
弁当、惣菜、生菓子、食肉など製造日を含めて５日以内で品質が急速に落ち、長く保存できない商品に表示される。腐敗など食品の安全性を欠く恐れがないとされる期限を示す

# 5 クーポン券で1人のお客様を100回来店させる

小さな商圏では、商圏そのものを「拡大」することは難しいので「深耕」することである。商圏人口は一定でも、１人のお客様に１００回来店してもらえば来店客数は１００倍になる。そして来店時の、いわば点を線としてつなげていく売り方が小商圏では効果的な売り方になる。線とは、具体的にいえば、前回お買い上げ商品のフォローをよく行ない、次の商品を売ることだ。そのために効果的なのがクーポン券である。

クーポン券の渡し方にも一工夫が必要だ。あるドラッグストアでは、化粧品や日用品をお買い上げのお客様には「お薬専用のクーポン券」を、薬や化粧品をお買い上げのお客様には「日用品専用の生活応援券」を、オムツは購入するがミルクの購入は少ないお客様には「ミルク大缶割引券」など、次の買い物につながるクーポン券をレジで手渡している。

自店で発行する商品券も有効だ。自店だけでしか使えない商品券でもお客様は魅力を感じてくれる。商品券のメリットは、１０００円の商品券に２０００円の現金をプラスして、３０００円の商品を購入するなど、額面以上の購買につながることである。

## リピーターにさせるクーポン券の例①

▶ガソリンスタンドの例

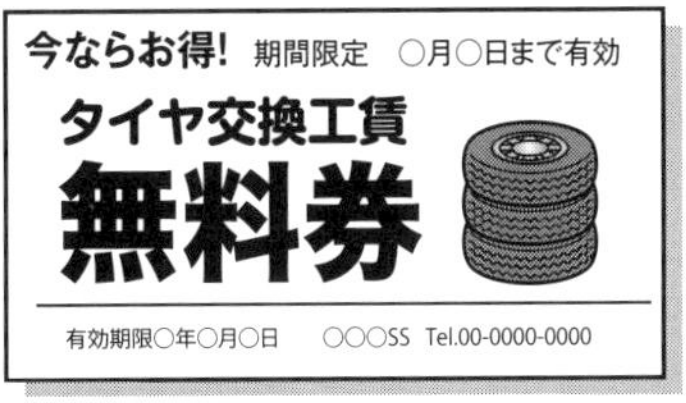

## リピーターにさせるクーポン券の例②

▶ドラッグストアの例

### ■商品部門間の相乗効果を狙う

まだお買い上げいただけない商品のクーポン券を渡すことで、新規商品の購入に結びつけている。例えば、化粧品のお客様には医薬品のクーポン券を、といった具合である

▶カー用品店の例

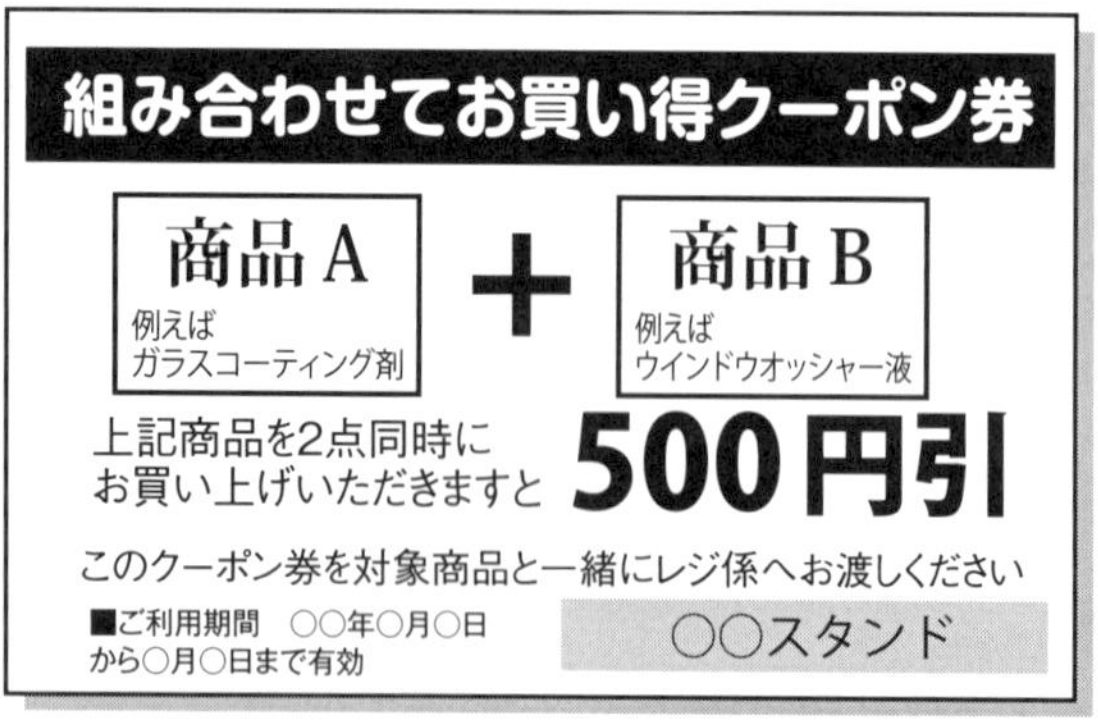


### ■もう一点買いで客単価アップを狙う

複数の組み合わせ商品の購入による客単価アップを狙ったクーポン券

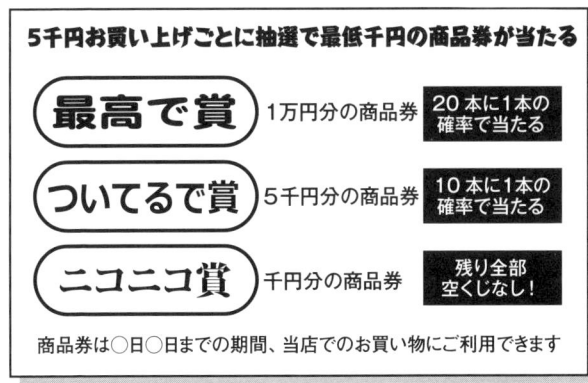

## 商品券でお得感をアップさせる

▶3割増しの商品券の例

**今がお求めのチャンスです!**

**3割増し**の商品券を販売しています！

1万円で
**1万3千円**分の商品券　さらに　ティッシュ20箱
プレゼント

3万円で
**3万9千円**分の商品券　さらに　缶ビール15缶
プレゼント

5万円で
**6万5千円**分の商品券　さらに　お米10kg
プレゼント

▶セールでの商品券の活用例

**5千円お買い上げごとに抽選で最低千円の商品券が当たる**

**最高で賞**　1万円分の商品券　20本に1本の
確率で当たる

**ついてるで賞**　5千円分の商品券　10本に1本の
確率で当たる

**ニコニコ賞**　千円分の商品券　残り全部
空くじなし！

商品券は○日○日までの期間、当店でのお買い物にご利用できます

# 6 需要先取りセールでライバル店より先に売り抜く

季節商品の販売はインストア・プロモーションを行なう最たるものだが、ライバル店も積極的に取り組んでいる。負けないためには、単純だが、ライバル店よりも先に売り抜いてしまうことだ。婦人用ブーツは、11月が実売期だが、最近では8月から展開を始めている靴店もある。防寒というよりもファッションとして購入している面もあるが、冬物商品はすでに晩夏から展開が始まっているのである。

季節商品には、一定数確実に需要が見込める商品がある。例えば、新入学児童用の学習デスクやランドセルである。こうした商品こそ需要先取りセールが有効である。早いところでは9月（一般的には正月明けが実売期）から展開を始めている店もある。

お客様にしてみれば、「どうせ必要な商品だからメリットがあれば早めに買ってもよい」という心理が働く。だから、早期割引や特典をつけることが不可欠だ。告知方法は、主にダイレクトメールやチラシの店内配布になるが、郊外ロードサイド立地の店であれば、のぼり旗を少なくとも5枚程度集中的に掲示すると、車客の入店が増えてくる。

## 需要先取りセールは確実に効果が出る

▶需要先取りセールを実施した売場からの報告（学習机・ランドセル）

| | 10月 | 11月 | 12月 |
| --- | --- | --- | --- |
| A店 | 10月9日～デスクDM第一弾送付。9月から好調な滑り出し。特にランドセルが好調で新型POP広告の効果か。 | 11月20日～地元新聞広告。少し落ち着いてきたが、まだまだ順調。下旬から新商品を投入して不足の売価ラインを補充する。 | 購買の動きが活発化してきた。年内配送5％offの効果か。購入即納品希望のお客様が多い。ランドセルは絶好調。 |
| B店 | 10月23日（土）からの陳列スタートで、日曜日にデスク2台成約で今期が始まった。スタート時陳列数42台。 | デスク売上の1／3はユニットタイプだった。売上は昨年並み。ランドセルの数量は昨年を上回っている。 | デスクは昨年並み。ランドセルは昨年よりプラスに転じた。家具全体の売上が不調の中デスク関連は昨年並みを確保した。 |
| C店 | 今期は、昨年より一週間早く塗り絵コンクールのチラシを出した。10月度21～24日集中陳列。 | 塗り絵コンクール11／21時点120枚応募あり。今月は月半ばより成約数が非常に多いのが特徴。陳列数65台。 | 塗り絵コンクール（12／20）締め切り。169枚の応募があった。月半ばより売り数を若干落としてしまった。初売りでの売場替えを行なう予定。 |
| D店 | 昨年よりDMを早く出したが、お客様の動きも早かった。DM掲載商品の入荷が遅れなければデスクの数はもっと増えていたと思う。 | 昨年より土日が少ない分、昨対は落とした感じがする。12月で3ヶ月になるのでトータルで昨対を上回るようにしたい。ランドセルの付帯商品が伸びた。 | 12月に入り販売員の強化もあり、昨対まで回復した。1月は別のお客が動くので平日の接客を徹底したい。ランドセルだけのお客もきっちり対応する。 |

▶需要先取りセールには特典をつける

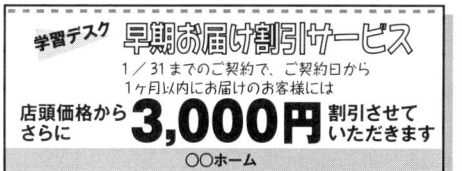

学習デスク　早期お届け割引サービス

1／31までのご契約で、ご契約日から
1ヶ月以内にお届けのお客様には

店頭価格から
さらに　**3,000円**　割引させて
いただきます

○○ホーム

**特典チケット**

学習デスクをお求めのお客様には、
左の4点のうちから1点プレゼント
このチケットをご持参ください

★デスクカーペット（当店指定商品3色から）
★デスクマット
★ミニ地球儀（限定数あり）
★スノーマン ミニ毛布（限定数あり）

有効期限　12／31まで

FURNITURE & HOME FASHION

○○ホーム

# 7 「限定セール」の狙いとポイント

「限定セール」の狙いは、お客様に「今買ったほうが得」と思わせ、購入してもらうことである。「時間の限定（タイムサービス等）」「日にちの限定（週末限り等）」「客層の限定（レディースデー等）」「数量の限定（先着20台限り等）」などいろいろあるが、限定条件が多いほど「選ばれた商品」「選ばれた客」という意識が高まり、効果は倍増する。左ページの例は、「時間の限定（ナイトセール）」「日にちの限定（一夜限り）」「客層の限定（お得意様だけに）」の３つの限定条件で、一夜にして１７００万円売り上げた家具店の例だ。告知はＤＭで、折り込みチラシは行なわず、あくまでもお得意様だけの特別ご招待であることを強調、「ナイターセール」と銘打って午後３時～深夜12時までの８時間限り。最大70％ｏｆｆの商品と、この日だけの５大特典をアピール。一般客が入店すると信用を失うので、入口のシャッターを半開きにして招待客以外は入店できないことを演出するなどして、大成功を収めたのである。限定販売はあらゆる業種で有効だ。日替わり、週替わり、月替わりで、限定のお買い得商品を提案して来店客数を増やしていくとよい。

## 限定セールの事例

▶一夜にして1700万円の売上を達成した限定セール

通常特価より
さらに
最大70%OFF
○○店が贈る
お得意様だけに！
年に一度の大感謝祭!!
今回、新聞折込チラシは配布いたしません。
お得意様だけにお知らせする特別なご案内です。
ナイターセール
一夜限りの
特別ご招待！
8月29日（土）
午後3時スタート～深夜12時まで
この夜だけの5大特典！
①全品 20～70%off
②家具お買い上げのお客様一律 1000 円で下取り
③年内新改築のお客様カーテンなど5%off
④ご来店のお客様に記念品進呈
⑤夜食とドリンク飲み放題（アルコール類はありません）

▶曜日限定セールで集客する

| 火曜日 | 水曜日 | 木曜日 | 金曜日 | 土曜日 |
| --- | --- | --- | --- | --- |
| 野菜<br>均一セール | 卵の日 | デザート<br>の日 | 冷凍食品<br>4割引 | ステーキ<br>の日 |

# 8 「さらに」の一言が心を動かす「レジ割セール」で在庫処分

在庫の最終処分には「レジ割セール」が最適である。対象商品は単品ではなく、商品カテゴリーのすべての商品を対象にすることが成功のポイントだ。例えば、衣料品店であれば「靴下全品レジにて５割引」「婦人ブーツ全品レジにて３割引」「紳士肌着全品レジにて４割引」といった具合である。

「レジ割セール」を一層効果的にするには、「さらに」の一言がお客様の購買行動を促すことになる。最も効果的なのは、すでに値下げをしている価格から「さらにレジにて３割引」といったレジ割セールは抜群の効果がある。

セールを行なう際、折り込みチラシとＤＭを同時に打つのであれば、ＤＭ客に特典をつけることが大事だ。なぜならチラシは不特定多数のお客様が対象になるが、ＤＭは固定客が対象になるからだ。セールと同じ割引では固定客は面白くない。そこで、このＤＭ持参のお客様には「セール価格からさらに５％割引」などとすれば満足してもらえる。ちょっとした気配りで顧客満足度はまったく違ってくる。

## 販促効果が大きい「レジ割セール」とは

**効果大**

割引価格に「さらに」の一言で効果は非常に大きくなる

**効果薄**

対象商品が数点で、割引率も低いため効果は薄い

**効果中**

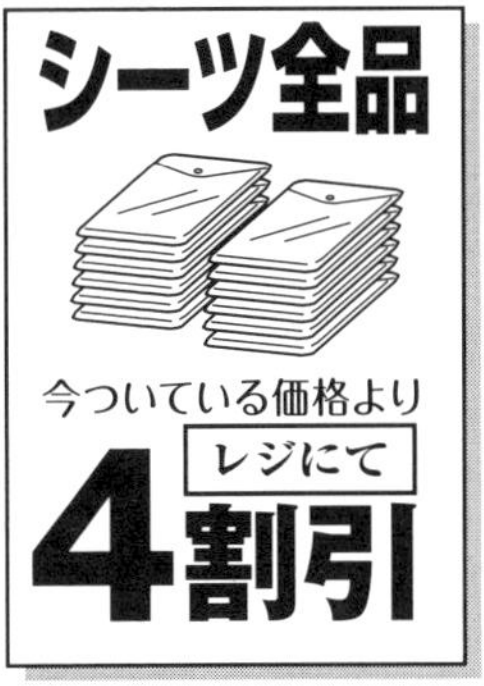


レジ割セールの目的は達成できる

**効果小**

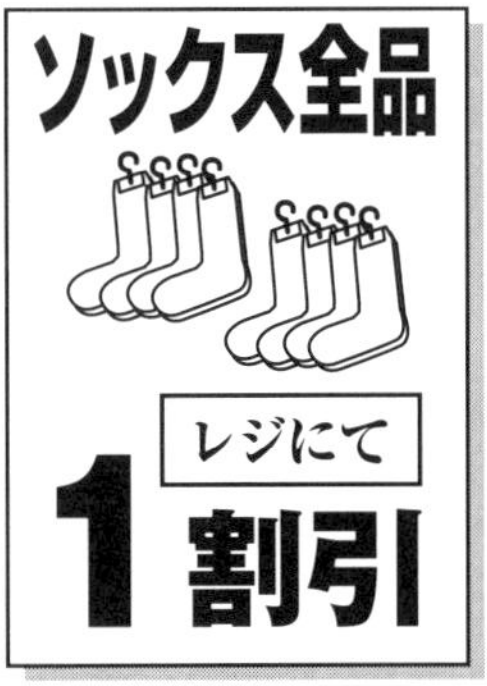


対象商品をカテゴリー全品にしたが、割引率が小さくインパクトがない

# 9 エンターテインメントな「段々割引セール」で集客する

「段々割引セール」は、割引の〝履歴〟を明示してお買い得感をアピールする方法である。例えば、先週までは２割引、今週から３割引、来週からは４割引、といった具合に割引率をセールの開始時から明示してしまう売り方である。最終在庫処分や店舗改装のための閉店セールなどに向いている。

最終割引率の期間にお客様が集中するのが一般的だが、それ以前は、いわば〝プレセール〟と位置付けて、段階的にいかに安くなっているかを最終期間にアピールして、販売を集中させる。いきなり半額セールもよいが、値下げの〝履歴〟を見せるのも一手というわけだ。

話題性を狙ったイベント的な売り方になるが、「売れるまで、１週間ごとに１０００円ずつ値下げしていきます」とＰＯＰで掲示して、ほしいお客様には一定の価格まで下がったところで購入してもらう。ほしい商品がいつ売れてしまうかわからないので、ワクワクどきどきして毎日見に来てくださるお客様もいて、集客に大きな効果を発揮する。高額商品ほど楽しめて面白い。バナナの叩き売りのような仕掛けである。

段々割引セールの例

緊急告知
店内全在庫一掃セール
今ある価値ある商品をすべて売りつくします
7月7日(水) 初日は 全品2割引
7月8日(木) 2日目は 全品3割引
早めにお好みの商品を先取りしてください
7月9日(金) 3日目は 全品4割引
7月10日(土) 4日目は 全品5割引
いよいよ佳境! お買い得品がいっぱい!
7月11日(日) 残っていれば 全品6割引
売り切れ御免!

# 10 割引商品をお客様が決める「よりどりセール」で大満足！

「よりどりセール」とは、「どれでも2点で１０００円」といったように、お客様が組み合わせ自由で商品を選べるセールだが、そのポイントは次のようになる。

特定の商品だけで「2点でいくら」では、楽しくないし余分なものを買わされた、という感覚を与えることにもなりかねない。ポイントは、商品カテゴリーを超えた商品で組み合わせ自由にすることで、自由に選べるという満足感と、お買い得感が得られるようにする。例えば、婦人衣料、紳士衣料、服飾雑貨がよりどり2点で１５００円というようにする。この場合、売場がそれぞれ離れているので、セール対象商品を特設コーナーにまとめる。

特設コーナーを設けず、全売場の商品を対象にするとエキサイティングなセールになる。例えば、開店時先着２００名様に割引シールを入口で手渡し、割引してほしい商品に貼ってもらう。セール対象商品をお客様が自由に決めることができる、という仕組みである。開店時のタイムサービスなどより、はるかに集客力のあるセールになり、行列ができる。

「よりどりセール」は、押しつけ的なものでなく、お客様の自由度がキーワードになる。

## 自由度が高い「よりどりセール」で集客する

▶「よりどりセール」 のポイント

**ポイント1**　対象商品は複数の商品カテゴリーにする

**ポイント2**　すべての商品カテゴリーの中から組み合わせ自由にする

**ポイント3**　好みの商品を選べたという満足感を提供する

**ポイント4**　特設コーナーを設ける

▶特設コーナーの例

# 11 「まとめ買いセール」で客単価アップ！

「まとめ買いセール」の狙いは、普段使う商品をまとめて買うことで割引となり、得した気分になってもらうことである。この場合、ケース売りが一般的である。どんな商品でもよいというわけではなく、次のような商品が向いている。

①日常頻繁に使う実用品や消耗品
②リピート購入商品（例えば健康食品など）
③コストダウン商品（事務用品など）

ケース売りではなくセット販売も有効だ。買い上げ点数を高めるため、おすすめ商品をセットにして販売したり、在庫残をギフト用などセット商品として販売したりする。ラッピングしてディスプレイすると、単品で売るより魅力的なセット商品として甦ったりする。セール時だけでなく、プロパー販売でも有効である。量販店ではケース売り、専門店ではセット売りが「まとめ買いセール」のポイントだ。自店に合ったやり方をすればよい。注意点は、「余計に買わされた」という印象を与えず、得した気分にさせる価格設定にすることだ。

## 「まとめ買いセール」で客単価アップ!

**▶サプリメントのまとめ買いセール（ケース売り）**

1ヶ月分と1週間分の使用量をケース売りしている

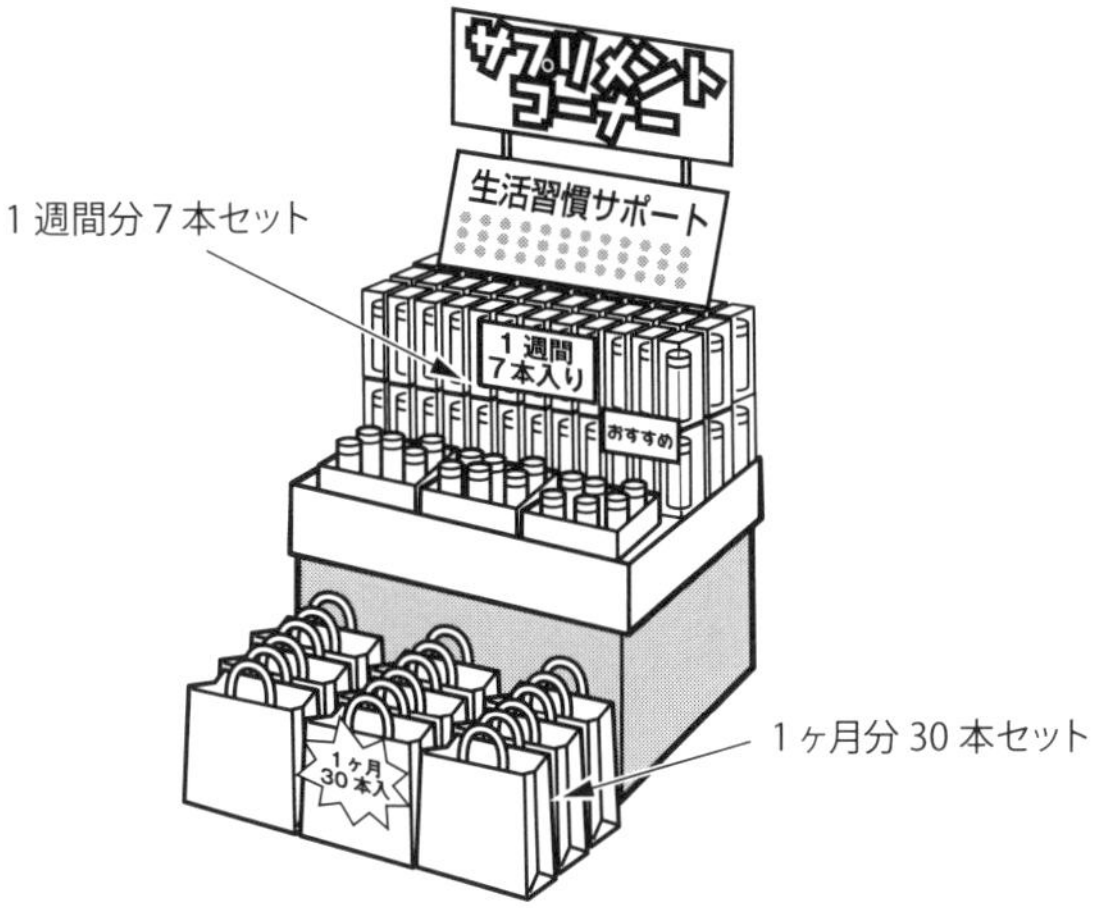


**▶在庫が少なくなったらセット販売する**

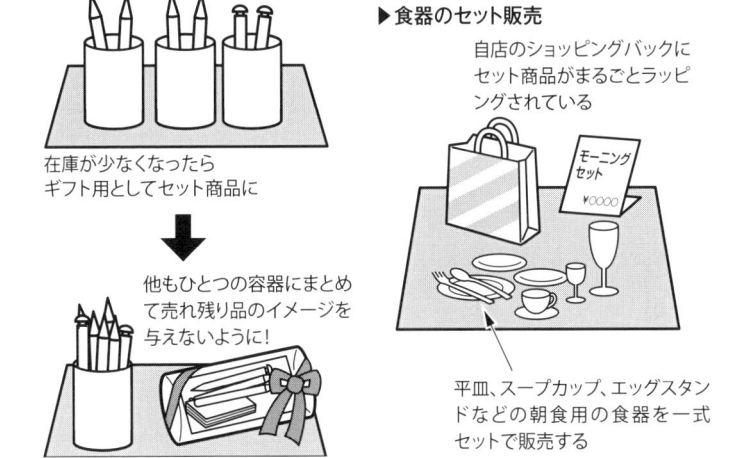

在庫が少なくなったら
ギフト用としてセット商品に

他もひとつの容器にまとめて売れ残り品のイメージを与えないように!

**▶食器のセット販売**

自店のショッピングバックにセット商品がまるごとラッピングされている

平皿、スープカップ、エッグスタンドなどの朝食用の食器を一式セットで販売する

## 12 レシートを活用したリピート集客作戦

レシートの活用はポイントカードなどを導入していない店でもできる企画だ。その基本的な仕組みは左ページの通りだ。これをひな形にすれば自店でも企画はできるが、いろいろなバリエーションが考えられる。

**バリエーション①**……セール期間中、１回の会計１０００円以上のお買い上げで、「次週の対象日」に該当レシート持参で、レシート額面の10％値引き。「次週の対象日」にすることで再来店を促すことがポイントである。

**バリエーション②**……毎週水曜日はピンクレシートの日などとして、この日はレジペーパーの色をピンクとして、このレシート１万円分で５００円のクーポン券をプレゼント。レシート有効期限は発効日より３ヶ月以内というように決めておく。

**バリエーション③**……レシート裏に名前、住所等を記入して応募箱に入れてもらう。一定期間ごとに抽選で数名にレシートの全額をキャッシュバック。発表はすべて店内掲示で再来店を促す。いずれにしてもレシート企画はリピート集客に活用することがポイントである。

## どんな店でもできるレシート活用

▶レシート企画の集客の仕組み

**レシート企画で集客する**

折り込みチラシやPOP広告で告知

↓

**レシートにプレミアムを付加する**

一定金額以上のお買上げで、抽選等によりキャッシュバックやクーポン券をプレゼント。

条件を満たすレシートでクーポン券と交換したり、抽選企画に応募してもらったりする

↓

**抽選結果を店内発表で集客する**

店舗で入口やレジ周りなどに抽選結果を掲示する。

店内発表とすることで再来店させる

↓

**クーポン券をプレゼント**

抽選を行なわない企画の場合は、次週の対象日にレシートを持参してもらい、直接クーポン券をプレゼントする。

次週にすることで、再来店させる

↓

**クーポン券を使ってお得な買い物をしてもらう**

例えば、500円のクーポン券の場合は、お買上げ金額1000円以上を使用の条件とするなど

# 13 得した気分にさせるポイントカードの活用法

今やポイントカードは、インストア・プロモーションの代表的ツールとなるまでに普及してきた。ある調査によると、1人の平均保有枚数は9・8枚で、使用されるポイントは平均60％で、期限切れで無効になるのが40％程度といわれている。

お客様にメリットのある使用法は1枚のカードにポイントを集中させることにあるが、そのためには、思い切った倍数のポイントを与えるセールを頻繁に行なうことだ。ポイント5倍セール、10倍セール、20倍セールでなければインパクトが薄れてきている。こうした多ポイントセールでリピーターを囲い込むことが一番のポイントになる。

いたずらにポイント倍増競争を行なうだけでなく、メリハリをつけたポイント付与も必要だ。自店の戦略的商品に重点的に付与するのもその一手。例えば、主力プライスラインの売上増を図りたければ、その商品に重点的に付与する。具体的には、「ブルーの札がついた商品は、さらにポイントが加算されます」という札を重点商品につける。こうした使い方で自店の販売戦略が実現される。これもポイントカードの大事な活用法である。

## お客様にメリットのあるポイントカードの活用法

▶戦略商品に重点的にポイントを付与する

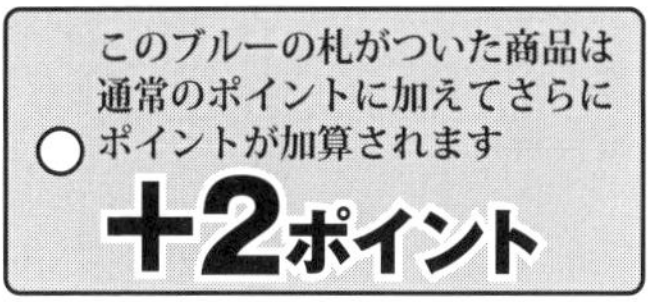
このブルーの札がついた商品は
通常のポイントに加えてさらに
ポイントが加算されます
+2ポイント

売りたい商品にメリハリをつけてポイントを付与することで、自店の販売戦略を実現させる

▶多ポイントセールでリピーターを囲い込む

水曜日は
店内全品
ポイント
5倍
セール

週末は
カウンセリング
化粧品ポイント
10倍
セール

## ❖ポイントカードの新しい活用法

ポイントカードの活用法は、割引販売的なものだけではない。差別化や話題性を演出するためにも、多様な活用法にチャレンジするとよい。

例えば次のような事例がある。

### 【ランジェリーの試着セールの事例】

ランジェリーを店内で試着してもらい、その時の感想についてアンケートに答えてもらう。答えてくれたお客様には１００ポイントプレゼントする。試着したお客様のなんと70〜80パーセントが購入してくれた例もある。試着に限らず、試食、試飲、試用などもまったく同じことができる。

### 【モニターアンケート調査の事例】

お客様の意見を販売に活かすため、アンケート調査もポイント付与で行なうことができる。特定のテーマについてお客様の声を知りたければ、店内募集でモニターを募り、アンケートに答えてもらう。アンケートに答えた人には１００ポイントをプレゼントする。

アンケートに答えることで、お客様も店に対する親近感がわいてくる。また、貴重な声は販売戦略に活かせることはもちろん、ＰＯＰ広告のキャッチコピーとして使えるユニークで説得力のある声も出ることもあるから面白い。

**Part 2**

# 今すぐできる！<br>売上が伸びる<br>「陳列」のテクニック

# 1 店内買物行動を決定付ける6つのプロセス

消費者の買物行動が、最近は大きく様変わりしている。スマートショッパー（賢い消費者）といわれる消費者が安心安全志向・節約志向・エコ志向などで、簡単には財布の紐をゆるめなくなってきている。この変化に適応するために、インストア・プロモーションの代表的手法である「商品陳列」も大きく変わらざるを得なくなっている。

陳列の売れる仕組みをどう変えていけばよいのか、それに応えるのが「ＳＰＣＴＣＲ（スペクタクル）の法則」である。

### ❖賢い消費者の心を動かす「陳列の新法則」

マーケティングの分野では「ＡＩＤＭＡ（アイドマ）の法則」という消費行動プロセスの仮説理論があるが、時代の変化に適応するための進化が必要な時だ。

私は、商品購入を促す店内買物行動プロセスの新法則「ＳＰＣＴＣＲの法則」を売場で検証し、実践開発した。買い物客の店内行動を検証した結果、次のプロセスでアプローチすることが効果的であることがわかった。

### 1「目立つ」陳列【Standout】

売りたい商品をまずは際立って目立つようにする。一例だが、次のような工夫がある。商品特長の大事なことに気づかせて売る「サプライズ陳列」、商品を群れて見せることで驚くほど目立つようになる「群化の陳列」、売りたい商品を〝見える化〟してワクワク気分にさせる「見える化陳列」など、とにかくまずは目立つようにする。

### 2「引き寄せる」陳列【Pull】

次は陳列棚まで引き寄せる。お客様の足を止め、引き寄せるマグネット陳列が不可欠。「斜め陳列」などのテクニックで客動線をコントロールすることも可能だ。トップ位置（棚の最上段などの位置）に掲示されたＰＯＰ広告のキャッチコピーが決定的に重要になる。

### 3「伝える」陳列【Communicate】

興味を持たれても、売場で商品の魅力やベネフィットが伝わらなければ売れない。ワクワクしてくるビジュアル伝達術で魅力を伝える。接客販売の店であれば、接客力が最重要であることはいうまでもない。セルフサービス販売の店であれば、販売員に代わってＰＯＰ広告の出番となる。ＰＯＰ広告の一言の説明があるかないかで、売上が大きく影響を受ける。

### ４「信頼される」陳列【Ｔｒｕｓｔ】

「正直ＰＯＰ」などで正直に伝えれば、お客様の信頼が得られ結果として売上が倍増する。激安ＰＯＰだけでは財布の紐はゆるまない。安いのであればなぜ安いか〝訳あり〟の部分まで正直に説明するのが「正直ＰＯＰ」だ。地域密着の小売業にとって「信用」は最強のインストア・プロモーションであることを認識すべきだ。

### ５「選ばれる」陳列【Ｃｈｏｉｃｅ】

数万アイテムの大量陳列商品の中から売りたい商品が選ばれ買われる陳列技術。お客様が購入決断するステップだ。購入の際のお客様の心配事を把握して、的確に心配を解消する情報を発信すれば確実に購入される。お客様の心配事とは、商品によっていろいろだが、例えば、安全性、アフターサービス、配達、相談窓口の有無、サイズの確認などである。

### ６「リピートする」陳列【Ｒｅｐｅａｔ】

初回購入のお客様をリピーターに育てることで儲けが生涯価値化する。リピーターが再来店したくなる仕掛けづくりだ。売出し商品や新商品を予告陳列したり、在庫処分セールの際に、次期シーズンの新商品を見せたり、リピート購入商品は陳列位置を変更しないで買いやすくするなど、リピートさせる陳列の仕組みはいろいろ考えられる。

クーポン券など他のインストア・プロモーションと絡ませることで効果は倍増する。

## 店内買物行動を決定付ける6つのプロセス

### AIDMAの法則

マーケティングの分野では「AIDMA（アイドマ）の法則」という消費行動プロセスの仮説理論があるが、時代の変化に適応するための進化が必要になっている

注目
**A**ttention
↓
興味
**I**nterest
↓
欲求
**D**esire
↓
記憶
**M**emory
↓
行動
**A**ction

### SPCTCRの法則

商品購入を促す店内買物行動プロセスの新法則「SPCTCR（スペクタクル）の法則」を売場で検証し実践開発した。買い物客の店内行動を検証した結果、次のプロセスでアプローチすることが効果的であることがわかった

目立つ
**S**tand out
↓
引き寄せる
**P**ull
↓
伝える
**C**ommunicate
↓
信頼される
**T**rust
↓
選ばれる
**C**hoice
↓
リピートする
**R**epeat

## 2 ライブ感のある店にお客様が集まる

ライブ感のある店とは、常にリアルタイム情報を発信している店である。「気になる店」として来店頻度が高くなる。そのために次のような情報を陳列やＰＯＰを通して発信する。

**新商品情報**……新商品であることがひと目でわかるように、「ＮＥＷ」などのスポッターを掲示して目立つようにする。スポッターは派手で多いほどよい、すべての新商品に掲示する。品揃えのマンネリ感がなくなり来店頻度が高まる。

**ランキング情報**……売れ筋ベスト５の商品を売場で最も目立つ１ヶ所に集中陳列する。ベスト10ではなく、５程度に絞り込んだほうがインパクトは強い。売れ筋ではなく、お客様の評判ベスト５などとしてもよい。

**季節情報**……季節の変化を知らせ季節需要を喚起する季節商品のインストア・プロモーションの重要性はいうまでもない。ゴンドラエンドなど目立つ位置に季節商品を陳列する。

**お買い得情報**……本日、今週などのお買い得情報を店内の目立つ場所１ヶ所に集中掲示する。掲示板を利用するのもよい。集中掲示することがポイント。

## ライブ感のある店で新鮮さを演出

▶ランキング陳列の例（ギフト店）

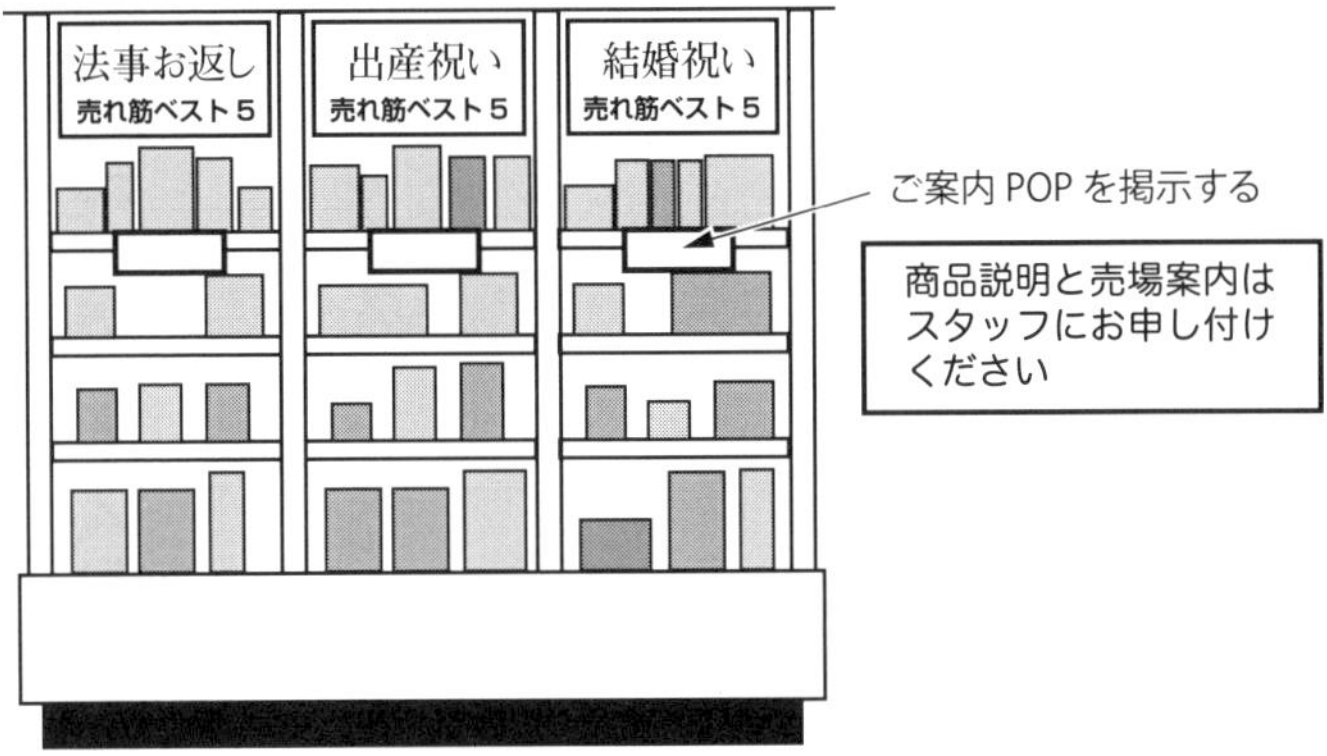


▶新商品のスポッター

品揃えのマンネリ感を打破するために新商品にはすべてスポッターを掲示する

▶掲示板でお買い得情報を発信

# ３ 未活用スペースの活用で坪効率大幅アップ！

かつての小売店舗は、１坪当たり日商１万円が普通だった。年商にすれば１坪当たり３６５万円（年間坪効率という）である。しかし、郊外立地の店舗の大型化や競合激化によって今や年間坪効率１００万円を切る店舗も珍しくない。一方、中小店では売場面積が狭いという限界に悩んでいる店も多い。しかし、売場には気づいていない未活用の極小スペースがある。これらのスペースを活用すれば、まだ坪効率は高まる。

導入対象商品は、①新規取扱商品、②消耗品など利便性を高める商品、③お客様の要望の強い商品、④メーカータイアップ商品などだ。

美容室では美容ケア商品など商品販売の認識は低いが、客待ちスペースの１㎡の極小スペースを活用して月商１５０万円もの商品販売を達成している店がある。商品展開はメーカータイアップによる委託販売である。ショッピングセンター内に出店しているラーメン店では、店頭の１・５㎡の極小スペースにテーブル３台を並べ、本格中華を売りにして弁当のテイクアウトで月商２００万円を達成している。未活用スペースを徹底的に見直そう。

## 未活用スペースを探せ!

| 要チェック! 未活用スペース | 活用のポイント |
| --- | --- |
| エントランスペース（店舗出入口の〝玄関〟スペース） | 自動販売機など、本来品揃え商品でないものを撤去して有効活用しよう |
| フロントスペース（店舗出入り口の外部部分） | ワゴンや平台などを置いて、お買い得品を提供する |
| 階段周り | 階段下や横も陳列スペースになる。階段室や踊り場には上階売場の案内 POP を掲示する |
| レジ周り | セルフ販売の店では衝動買い商品を陳列、接客販売の店では新商品や話題商品の推奨販売のきっかけになる商品を陳列する |
| 客待ちスペース | 新商品などを試せる仕掛けをつくり、待ち時間の間に試してもらう |
| 接客テーブル周り | 新商品や話題商品の推奨販売のきっかけになる商品を陳列する |
| 相談カウンター周り | 相談をよく受ける商品を陳列する。また、商品カタログやリーフレットを手に取りやすいように置く |
| 設備機器周り | 例えば、分電盤の扉などに POP の掲示やネットパネルを取りつけ、フック陳列する |
| 壁面の角部 | 角部は未活用スペースになりやすい、移動式のミニ什器などを設置する |
| 柱巻き（建築構造上の大きな柱） | ネットを取りつけフック陳列にすれば、通路障害にならず大量陳列できる |
| 未活用スペースがない場合 | 天井空間を使う。例えば天井からスチールネットを吊り下げ、そこに商品を吊り下げ陳列する |

# 4 ワクワクするボリューム感をキープする陳列法

陳列のボリューム感はなぜ必要なのか。お客様は豊富な品揃えの商品から自分の好みに合ったものを選びたい、という買物心理があるからだ。しかし、売場の立場からいえば過剰在庫は避けなければならない。そこで必要になるのが少ない在庫量でもボリューム感を感じる陳列技術である。具体例は左ページに示した。

ボリューム感を維持するために本質的に重要なことは、商品補充を的確に行ない、欠品をなくすことである。欠品は売上ロスになるだけでなく、お客様の期待を裏切ることにもなる。欠品をなくすためには、データ分析や売場観察を丁寧に行なうことだ。

農産物直売所が全国で人気を博しているが、一日一回の出荷による売り切りではなく、最近は補充にも力を入れている。ＰＯＳによる売上データが1時間ごとに集計され、農家は携帯電話などで確認することができる。自動的に売上情報のメール配信を受けることもできる。畑にいながら売上情報がリアルタイムにわかり、必要であれば、すぐに畑から収穫して採りたての新鮮な商品を補充する。朝だけでなく終日魅力的なボリューム感を維持している。

## ボリューム感を出す陳列の工夫

▶立体感でボリューム感を出す（平台陳列の例）

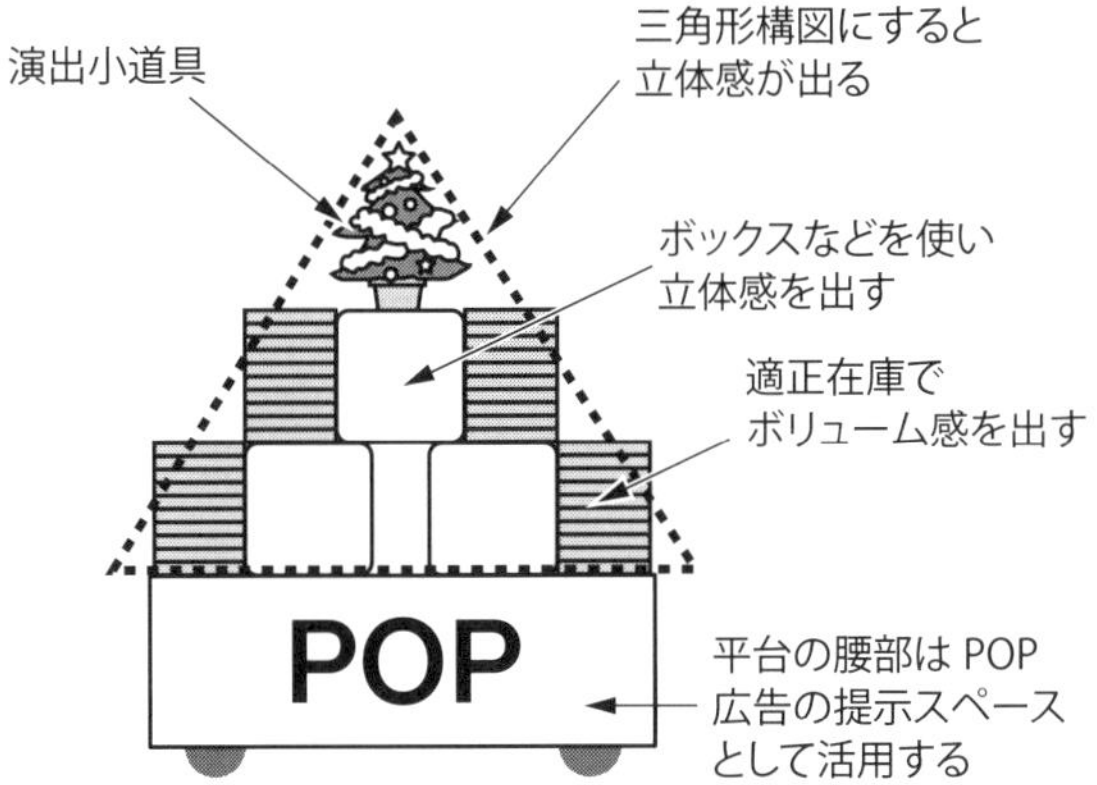
演出小道具
三角形構図にすると
立体感が出る
ボックスなどを使い
立体感を出す
適正在庫で
ボリューム感を出す
POP
平台の腰部は POP
広告の提示スペース
として活用する

▶フェイスアウトでボリューム感を出す（婦人服の例）

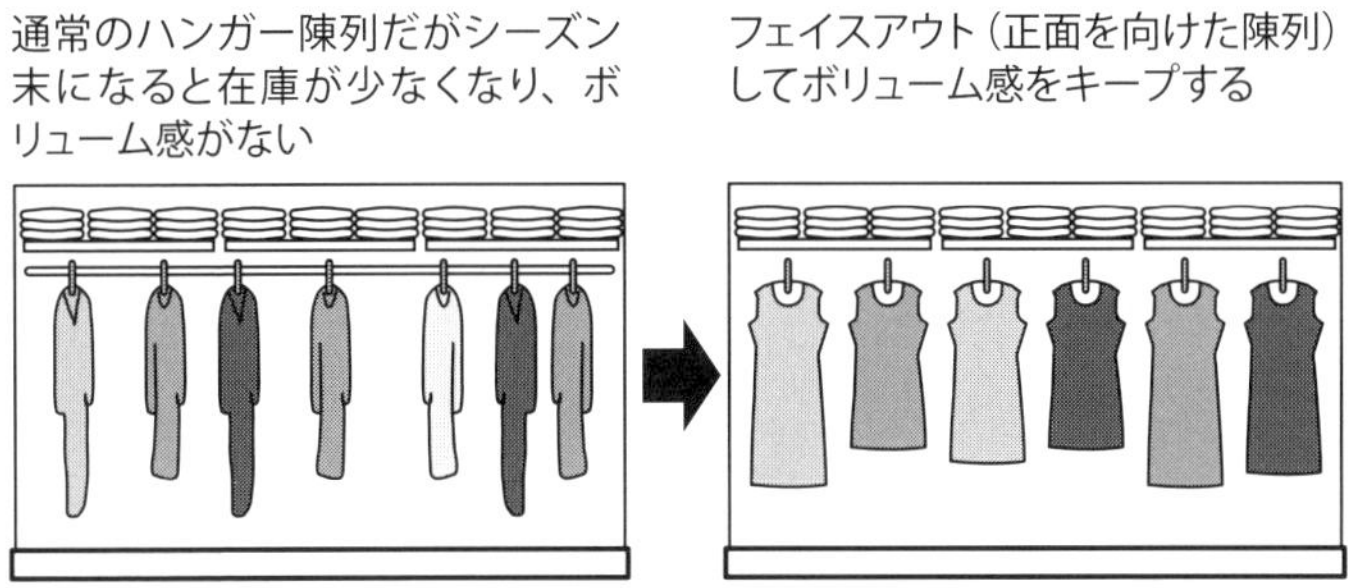
通常のハンガー陳列だがシーズン
末になると在庫が少なくなり、ボ
リューム感がない
フェイスアウト（正面を向けた陳列）
してボリューム感をキープする

# 5 入店客が驚くほど増える店頭陳列

入店客数を増やす最も手っ取り早い方法が、店頭通行客や車客に対するアピールである。折り込みチラシで不特定多数の顧客の来店を促すより、すでに店頭に来ているお客様にアピールしたほうが即効性があるし、コストは限りなくゼロ円に近づく。

通行量調査を行なう際、通行客（郊外立地では車客）に対して何人（郊外立地では何台）が入店するか入店率を調べると、平均３％に過ぎない（これは平均だから、食品スーパーのような最寄品業種はこれより多いし、宝飾店のような専門品業種はこれよりも少ない）。つまり、90％以上の人が入店していないということだ。

１日平均４千人（郊外立地では車輌４千台）の通行量の立地で１％入店率を高めれば１日40人の入店客が増える。そう考えれば入店客を増やすことは難しいことではないことがわかる。そのために店頭陳列を工夫することになるが、左ページに事例を示した。要は店頭を目立たせることだが、大切なことは、①店頭から商品が迫力を持って見えるようにする、②店内の見通しをよくする、この２点である。問題がないか、チェックしてみよう。

## 通行客を呼ぶ店頭陳列

▶販売期に合わせてショーウインドウの表情も変える（衣料品店の例）

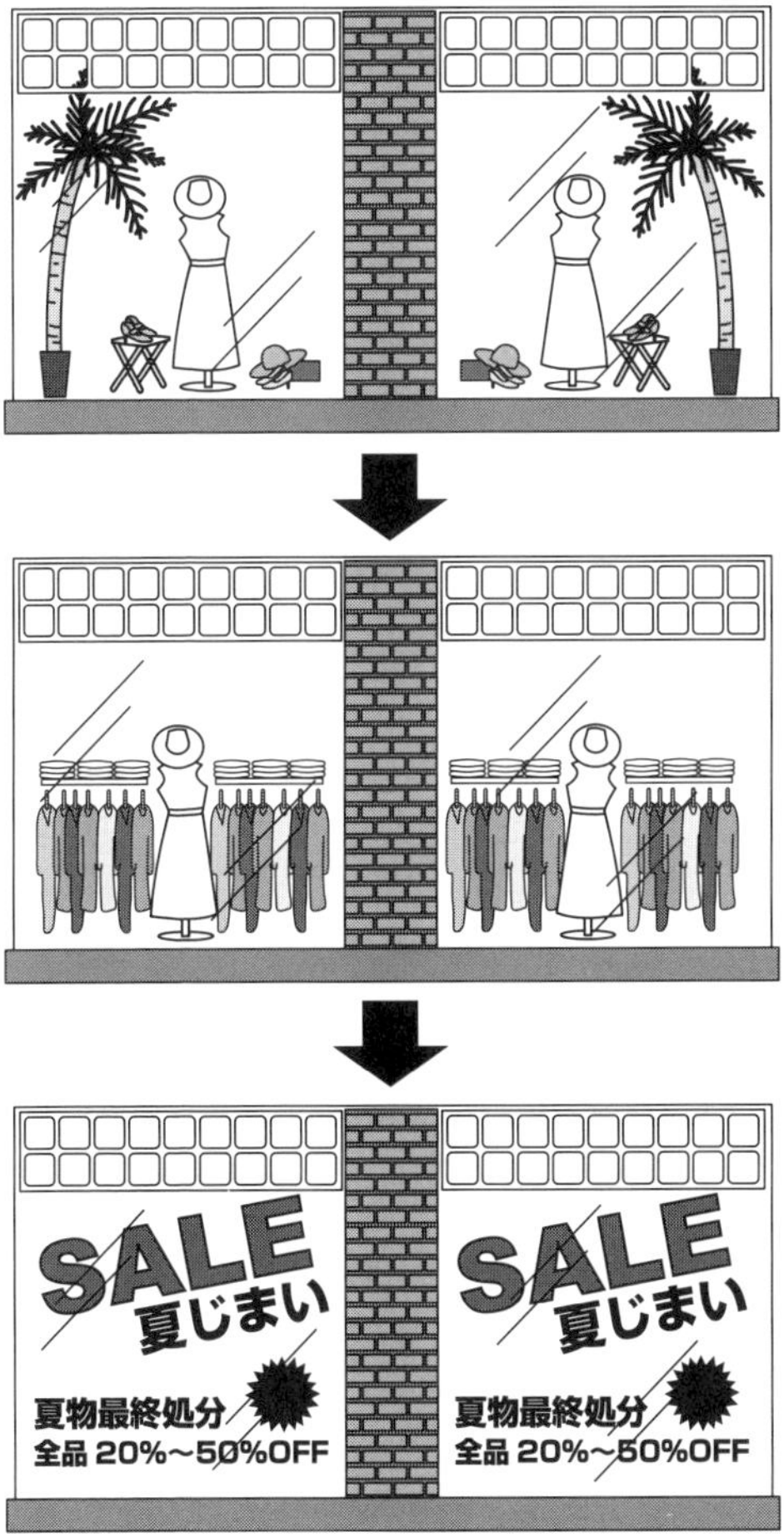


**提案期**

トレンド商品をディスプレイして魅せるショーウインドウにする

**実売期**

店内の豊富な旬の商品を見渡せるようにして、店内誘導を図るショーウインドウに変える

**処分期**

セール開催中をエキサイティングに演出するショーウインドウに変身させる

# 6 売れ筋商品は売れない商品まで動かす力がある

超売れ筋商品を持っていると、それにつられるように他の商品の売れ行きがよくなる、という経験を持つ店も多いと思う。カジュアル衣料のユニクロが好調なのも、かつてのフリースの大ブレークから始まって今日まで話題の新商品を常に市場に提供し続けたからこそ、集客力を維持しているのだ。

書籍販売でも売れている本の関連図書を、平台で一緒に平積み陳列することで複数の本を買い上げるお客様が増える。ベストセラーは、これまで売れなかった本まで動かす力がある。左ページは、エンドで売れ筋商品と一緒に売れ行きのよくなかった関連商品を陳列したら売上が大幅に増えた例である。

このような例は枚挙にいとまがないほどあるのだ。「自店独自の売れ筋商品を持て！」と私がいうのは、単にその商品を売るということだけでなく、他の商品への波及効果が大きいからである。

「あなたの店の今の売れ筋は何ですか？」と聞かれて即答できる商品をまずはつくろう。

## 売れ筋商品が売上をひっぱる

▶エンドでの陳列実験結果

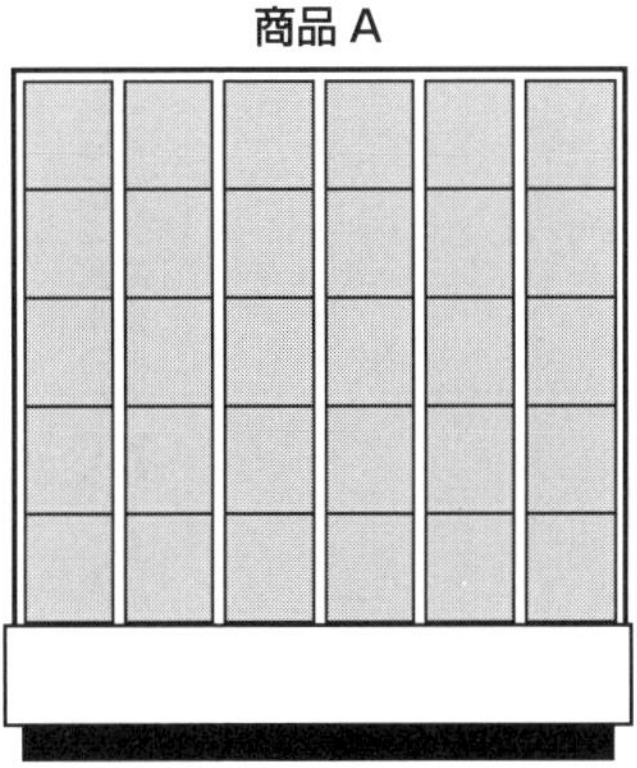


売れ筋の商品Aのみ大量陳列

| | 週の売上 |
|---|---|
| 商品 A | 39,200円 |
| 商品 B | — |
| 商品 C | — |
| 商品 D | — |
| 計 | 39,200円 |

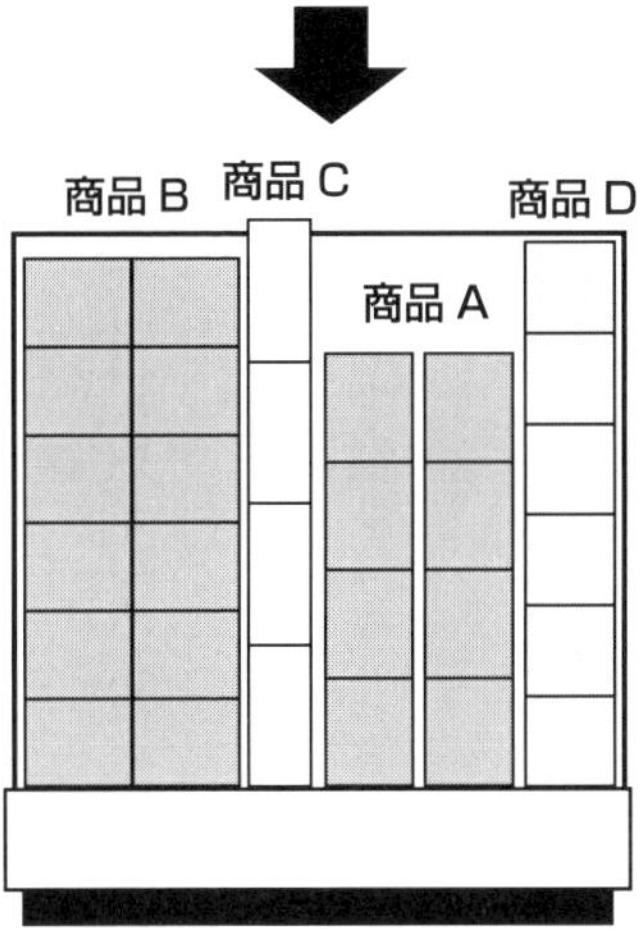


売れ筋商品Aと、売れ行きのよくなかった関連商品B、C、D商品も一緒に陳列

| | 週の売上 |
|---|---|
| 商品 A | 51,000円 |
| 商品 B | 50,000円 |
| 商品 C | 46,900円 |
| 商品 D | 43,500円 |
| 計 | **191,400円** |

**売上は 4.9 倍!**

## 7 品揃えを変えなくても客単価を上げる方法

不況になると、必ずといってよいほど客単価の低下が売場を悩ませる。たしかに、安くしないと売れないという先入観が強くなり、低価格商品の販売に力を注ぐようになったりする。

しかし、価格破壊にあまり過剰反応しないほうがよい。

高額商品を新規で扱わなくても、現状の品揃えで客単価を上げることができる。ここでインストア・プロモーションの出番である。といっても難しいことをやるわけではない。高価格帯商品が目立つレイアウトや陳列の工夫をするだけだ。

１００、２００、３００円商品の３つのプライスラインに絞り込んだ生活雑貨の店がある。その時々の販売戦略によって陳列移動を頻繁に行なっている。例えば、客単価を上げるため３００円商品を売りたい時は、ゴールデンゾーン（目線の高さの最も売れる棚）に陳列移動する。これで確実に客単価は上がるのだ。

いずれにしても事例に示したように、現状の品揃えの高価格帯商品を売る仕組みを実践することで、確実に客単価を上げることも可能なのだ。

## レイアウトや陳列の工夫で客単価が上がる!

▶価格帯別レイアウト

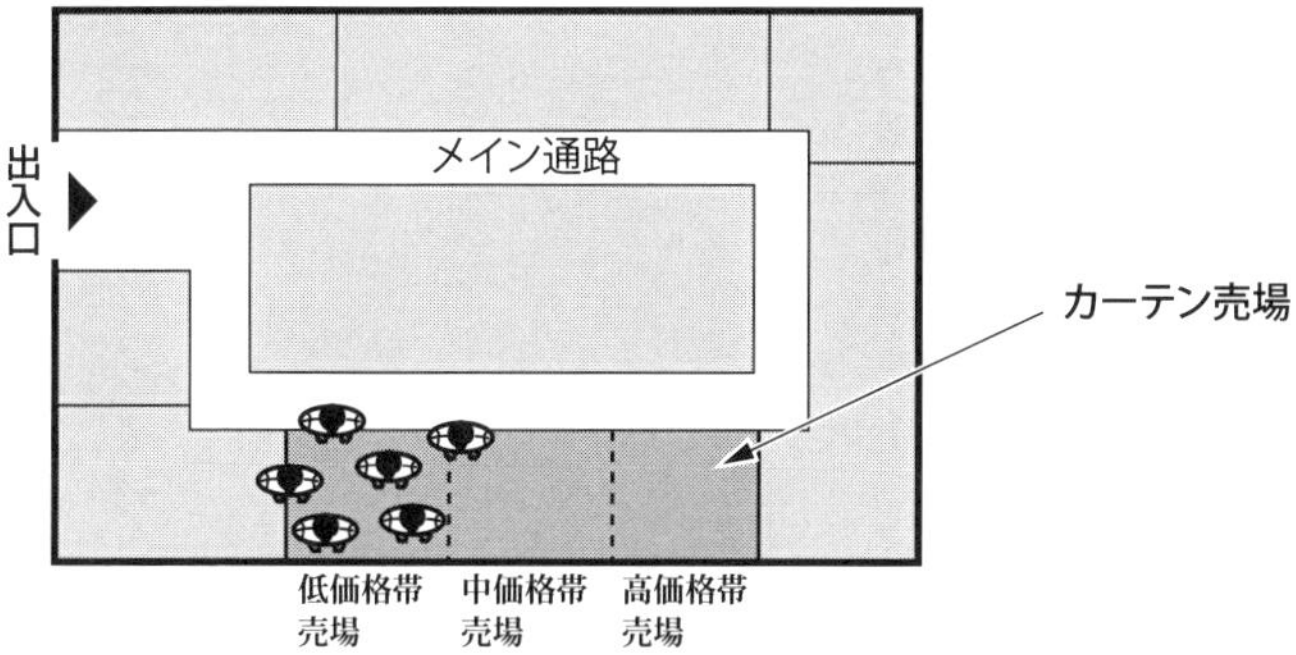


価格帯別レイアウトであるため、低価格帯売場にお客様の関心がいってしまう。
売場でも低価格商品をおすすめしてしまう。
結果として客単価が上がらない

**改善後**

▶商品の色別レイアウト

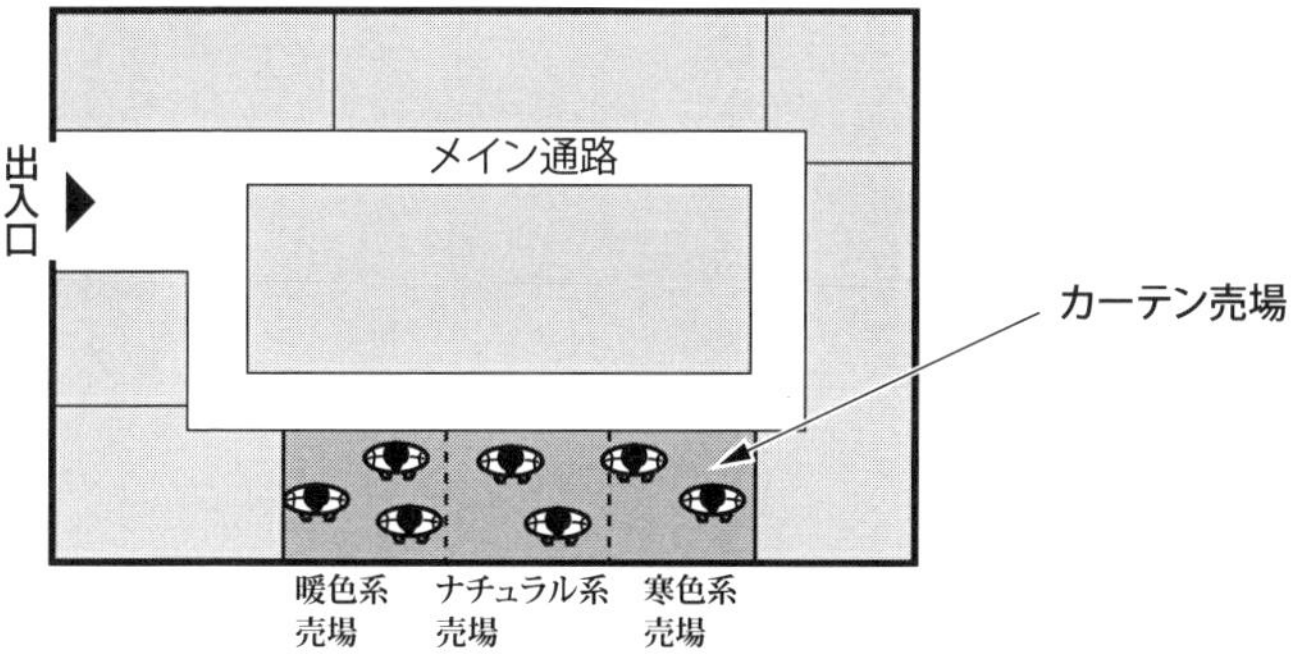


お客様の声を分析したら、価格よりも色を重視して購入していることがわかった。
色別レイアウトにすることで、品質のよい高価格帯商品も見てもらうことができ、売上も伸びた

## 8 小さな工夫で大きな繁盛を生む仕組み

インストア・プロモーションのテクニックは、お金をかけずに簡単にできることばかりだが、その典型が陳列テクニックである。陳列には、短期間で急激に売上を2倍も3倍も上げるようなマジックのようなテクニックもある。しかし、その一つひとつは売上アップ貢献度０・１ポイント程度の小さな工夫もある。

たとえ売上アップ貢献度０・１ポイントの小さな工夫でも、それが売場の１００ヶ所にあったらどうなるだろう。

**売上アップ貢献度0・1ポイントの小さな工夫×100＝売上10ポイント増**

つまり、昨対売上を10％上げることができるのである。

売上アップ貢献度０・１ポイントの工夫は、いい換えれば、小さな工夫で大きな繁盛を生む仕組みなのだ。

この仕組みがすぐに効果を発揮するだろうか。いや、今日の小さな工夫は、数週間後に売上として成果が上がるのである。繁盛している売場は粘り強い社風がＤＮＡとなっている。

## 小さな工夫が未来の繁盛になる

### 小さな工夫でもたくさん仕掛ければ大きな繁盛が生まれる！

売上アップ貢献度
0.1 ポイントの小さな工夫 × 100

## ＝ 売上 10 ポイント増

**●100 の例**

・売場に 100 ヶ所の小さな工夫をする
・１年間で 100 項目の小さな工夫を実行する
・50 人で１人２項目の小さな工夫をする
・50 店舗で１店舗２項目の小さな工夫をする
…など

**▶小さな工夫の売場からの報告例（総合衣料品店）**

①A コーナーの什器の高さを上げて二段陳列にしている
②お客様の歩く方向に向かって商品のフェイスを見せるようにした
③小銭入れはフック陳列をやめ、カゴに入れて手に取りやすくした
④ジーンズをハンガーに吊らさずにベルト通しの部分をフック什器にかけて陳列した
⑤紳士スニーカーをデザイン別分類からサイズ別分類にした
⑥柄入りラグを壁面で柄が見えるようディスプレイした
⑦棚割り通りに行かない部門が多いため、独自のグルーピングを実施した
⑧バック全部にアンコを入れてふくらみを出して陳列した
⑨S と L サイズは質問されることが多いので、サイズ別陳列に変更した
⑩入店客数が多いときは BGM のボリュームを大きくしている
⑪空き箱利用で子供服などをディスプレイして立体感を出すようにした
⑫POP をつける際、温かみを出すため木製の小さな洗濯ばさみでとめている
⑬相性のよいカラーパターンをつくっておき、誰でもコーディネートしやすくした
⑭裾直しアピールのためレジカウンター内にミシンを見えるように置いた
⑮折りたたみ傘はサンプルを広げて陳列した
⑯「希望サイズがない場合はお尋ねください」の POP をつけた
⑰布団売場に「レジまでお持ちします」「配送承ります」の POP をつけた

## 9 セール時の陳列と準備のチェックリスト

季節性の強いファッション商品などは、シーズンの販売期間を提案期・実売期・処分期に分けて販売することが大切であり、販売期ごとに陳列方法も変えなければならない。

提案期は、そのシーズンの売れ筋の把握や重点商品の反応を探ることにある。陳列は商品の一点一点を丁寧に見せる、ゆったりとした陳列にすることが大事だ。

実売期は、売れ筋商品を前面に打ち出して、ボリューム感のある陳列がポイントになるが、整然とした見やすい陳列は維持しておかなければならない。

処分期の目的は在庫処分になる。在庫を次シーズンに持ち越さないためのバーゲンセールの陳列になる。多少の陳列の乱れは無視したエキサイティングな演出にする。

こんな具合にひとつの陳列方法でシーズンを通すのではなく、販売期ごとに陳列方法を変えるようにすることで計画的に売上目標を達成するようにする。

セールを成功させるためには準備が重要になる。セール商品残は不良在庫になりかねない。的確な準備で目標を達成していくべきだ。70ページはそのためのチェックリストである。

## セール時の陳列方法

**▶販売期によって陳列方法を変える（靴売場）**

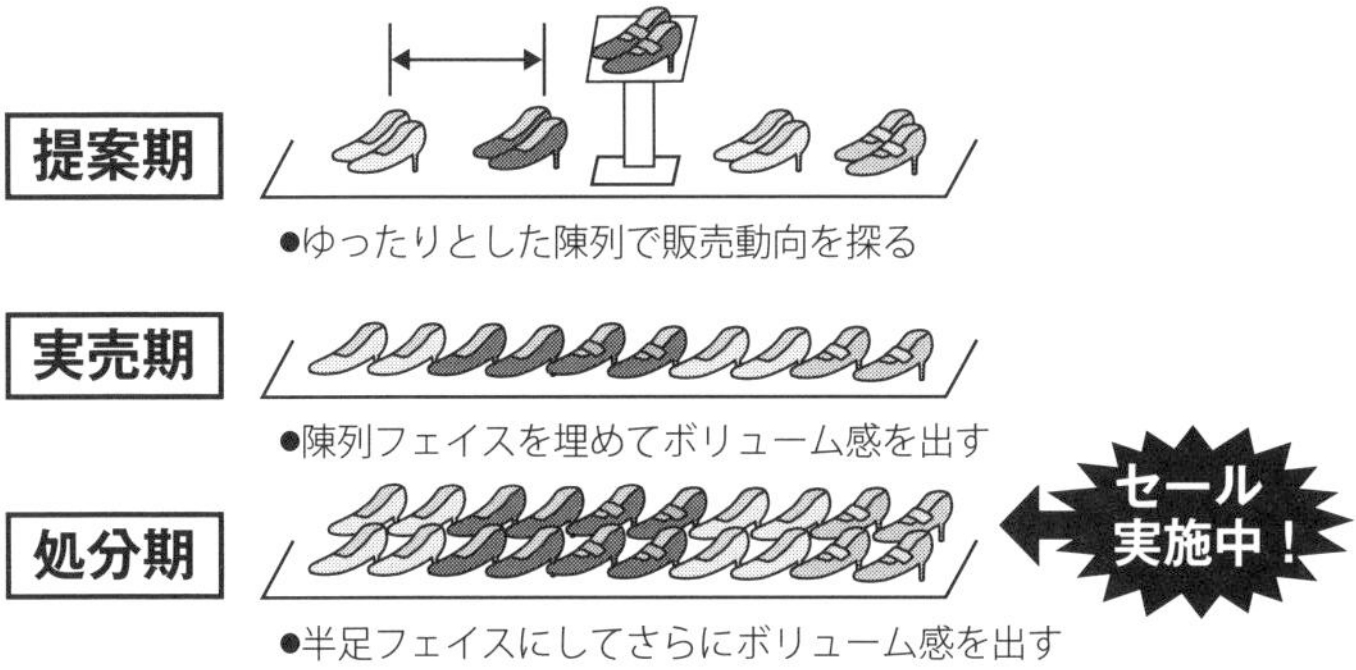
提案期
●ゆったりとした陳列で販売動向を探る
実売期
●陳列フェイスを埋めてボリューム感を出す
処分期
●半足フェイスにしてさらにボリューム感を出す
セール
実施中！

**▶販売期によって陳列方法を変える（靴売場）**

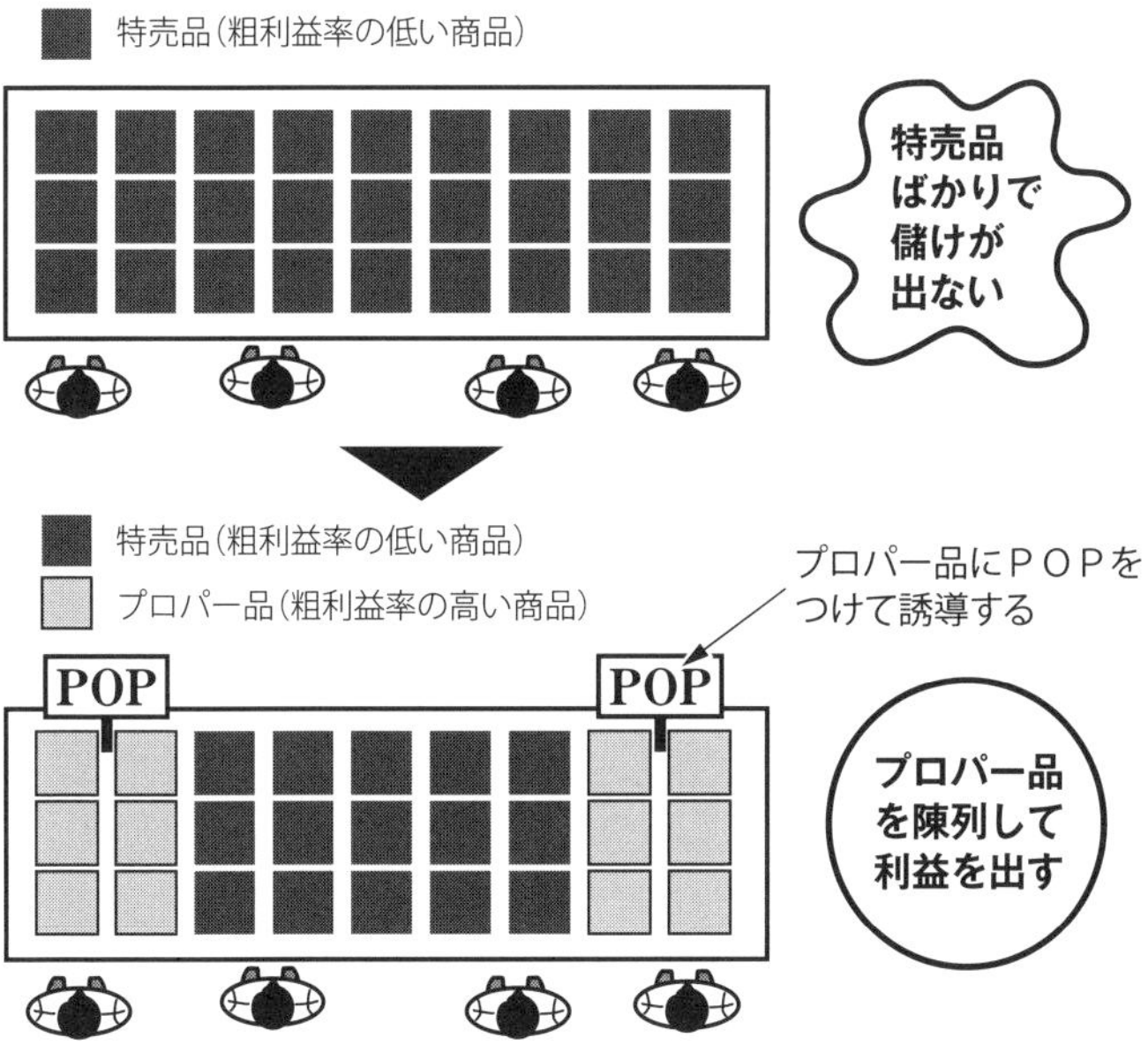
特売品（粗利益率の低い商品）
特売品
ばかりで
儲けが
出ない
特売品（粗利益率の低い商品）
プロパー品（粗利益率の高い商品）
プロパー品にＰＯＰを
つけて誘導する
POP
POP
プロパー品
を陳列して
利益を出す

## セールの準備チェックリスト

| | |
|---|---|
| セール企画の周知徹底 | □ 企画の意図、内容を周知徹底する<br>□ 期間中の売上目標の確認<br>□ プレミアムなどサービス内容の確認<br>□ 返品などの販売手続き方法の確認 |
| セール商品の点検 | □ セール商品の在庫数の確認<br>□ 発注・補充方法の確認<br>□ チラシ掲載商品の売場投入の確認<br>□ セール期間中に在庫処分したい商品の確認 |
| 陳列・ＰＯＰ・売場づくり | □ セール商品は目立つ位置にレイアウトしているか<br>□ セール商品はボリューム感のある陳列をしているか<br>□ チラシ掲載商品には「広告の品」のＰＯＰを掲示しているか<br>□ 店頭にセールＰＯＰを掲示しているか<br>□ メイン通路にセールＰＯＰを掲示しているか<br>□ 割引商品のプライスがわかりやすく表示されているか |

# Part 3

# 楽しくて毎日来店したくなる！「エンターテインメントプロモーション」

## 1 「詰め放題セール」を成功させるポイント

詰められるだけ袋に詰めて○○円、という「詰め放題セール」が人気を集めている。果物の詰め放題が始まりだったが、今や食品全般、生活雑貨、衣料品、専門品まで広く定着している。インストア・プロモーションの定番イベントといってもよい。

「詰め放題セール」の狙いとポイントは次のようなことだ。

・お客様に楽しんでもらい、得した気分にさせること
・集客数を高め、他のプロパー品も買っていただく仕掛けをつくっておく
・〝旬〟のほしくなる商品を提供する
・難しいルールを設けてお客様を不愉快にさせない
・タイムサービスなど時間限定で行ない、ハンドマイクなどで雰囲気を盛り上げる
・伸びる袋、伸びない袋、プラスチック容器、ダンボール箱など、どんな袋（箱）にするかを決め、事前にどのくらい詰められるかをシミュレーションしておく
・赤字分は集客とお客様サービスのための販促費と位置付ける

・「詰め放題セール」で提供できるスポット仕入れ商品（単発仕入れ）のアンテナを常に張っておく
・実施中は、スタッフも「さあ！　がんばっていっぱい詰め込んでください」などと、声かけを行ない雰囲気を盛り上げる
・多少のルール違反は笑って黙認する（できれば、ルールなど設けないほうがよい）
・「詰め放題セール」を実施すると売場の〝空気〟が、ガラッとにぎやかになる。この機を逃さずプロパー品のタイムサービスなども仕掛け、売上増を図る

### ❖お客様大満足！「詰め放題セール」の事例

実際にどんな「詰め放題セール」が行なわれているか事例を見てみよう。食品は一般的によく行なわれているので、これ以外の業種の例を見てみよう。

**【神奈川県厚木市にある家具とホームファッションのアウトレットストアの「生活雑貨詰め放題」】**

・詰め放題価格：１０００円
・対象商品：リビング用品、インテリア用品などのホームファッショングッズ
・袋の大きさ：幅70センチ・深さ70センチのビニール製

・ルール：袋の持ち手を片手でつかめればＯＫ
・演出：のぼり旗の掲示

あるお客様の袋を拝見すると、重さは６・２キロもあり、１４７０円のスリッパや、２９４０円のクッションなど計21点、値札の合計は３００００円以上にもなった。もちろん、お客様は大満足である。店としては、思い切った「詰め放題セール」にして話題性の提供による集客も狙いであるようだ。

**【神奈川県横浜市にある、北欧や米国の古着を扱う古着店の「詰め放題セール」】**

・詰め放題価格：２１００円
・対象商品：北欧や米国などの古着や雑貨
・袋の大きさ：幅33センチ・深さ45センチのビニール製
・開催日：月２回

あるお客様の袋を拝見してみた。シャツやパンツなど合計37点で重さは5キロだった。やはり大満足である。

「詰め放題セール」は、単発イベントとして終わらせたのでは赤字は必至だ。例えば、販売戦略面で集客が必要な時、その手段として「詰め放題セール」を利用するなど、思いつきで行なうのではなく、明確な目的を持って行なうことが肝要である。

## 「詰め放題セール」の事例

| カテゴリー | 商品 | 金額 | 袋の大きさ<br>（センチ） | 調査によって<br>袋に入った量 |
|---|---|---|---|---|
| 惣菜 | 揚げシュウマイ | 398円 | 幅14<br>奥行き7<br>深さ4<br>（プラスチック容器） | 286グラム<br>18個 |
| | ポテトフライ | 398円 | | 301グラム<br>26個 |
| 野菜 | ジャガイモ | 100円 | 幅14<br>深さ25<br>（ビニール袋） | 844グラム<br>11個 |
| | ニンジン | 100円 | 幅14<br>深さ25<br>（ビニール袋） | 1235グラム<br>10本 |
| | たまねぎ | 100円 | 幅18<br>深さ27<br>（ビニール袋） | 1186グラム<br>8個 |
| 菓子 | 和菓子 | 210円 | 幅15<br>深さ26<br>（ビニール袋） | 20個 |
| 生活雑貨 | バスマット、スリッパ、トイレタリー用品など | 1000円 | 幅70<br>深さ70<br>（ビニール袋） | 約6キログラム<br>21点 |
| 衣料品 | 古着や雑貨 | 2100円 | 幅33<br>深さ45<br>（ビニール袋） | 約5キログラム<br>37点 |

# 2 試せるからほしくなる！　試せる仕組みが最強販促

店舗で、商品やサービスを「試してもらう（試食、試飲、試着、試聴、試用、試乗など）」ことは、インストア・プロモーションの重要で強力な要素である。現在、インターネット販売や通信販売などの無店舗販売が伸びているとはいえ、店舗販売のシェアは圧倒的であり、毎日たくさんのお客様に来店してもらっている。

わざわざ来店してくれるお客様の期待を裏切ってはならない。その期待とは何だろうか。店舗では、商品が見られる、触れられる、試せる、専門知識を持つ店員に相談できる、いろいろな情報がある、といったことである。たしかに、よい商品をつくれば売れる。しかし、店頭でお客様に商品のよさが本当に伝わっているのかどうかは疑問である。そんな時、商品を試してもらえばわかってもらえる。

店舗では、商品を試してもらう目的で「ご自由にお試しください」というＰＯＰ広告を見かける。これはどんな業種でも実践できる。しかし、本当に気軽に試せるような仕組みになっているのだろうか。

ＣＤ店では商品を試せる試聴機がある。しかし、その操作方法がわからず躊躇している中高年客も多い。それが、来店客層が若者に偏ってしまう要因のひとつだ。家にあるオーディオ機器と勝手が違って、店頭の視聴機は操作が難しく感じる。もっと親切に操作方法を掲示して、団塊世代や高齢者も呼び込めば客層は広がる。

視聴をおすすめするインストア・プロモーションに次のような例もある。手順は下記の通りだ。

①あらかじめ呼びかけておいたスタッフが
②視聴機をいっせいに使用する
③全員が楽しいパフォーマンスをしてお客様に視聴をすすめる
④最初はお客様もあっけにとられるが、つられて視聴したくなる
⑤そのスタッフたちが操作方法を説明する

いずれにしても、お客様任せではなく、親切で試しやすい仕組みを積極的につくることが大事である。

## 3 レシートに「当たり」が出るワクワクイベント

ポイントカードなどを導入していない店では、レシートを使った販促が効果的だ。レシート発行時に「当たり」が出ると景品をプレゼントするといった企画だ。

レシート販促のポイントは、できる限り「当たり」の数を多くすること。だから、豪華景品ではなく低単価の実用的な景品を「当たり」にして数を増やすことだ。また、期間を限定して「当たり」の数を多くすることも大事だ。

レシート販促は他にもいろいろなバリエーションが考えられる。例えば、スーパーマーケットであれば２０００円以上お買い上げのレシートで、先着１００名様に新鮮ないちごをプレゼント（または１００円程度で販売）といった企画は、行列ができる人気になっている。

ピンクレシート（レシートの用紙がピンク色のもの）による販促も、ポイントカード代わりになる。販促期間中にピンクレシートを集めてもらい、その合計額で景品や商品券をプレゼントするものである。期間限定で行なうのでその間、リピート購入が期待できる。

ポイントカードを導入していない店は、こうしたレシートによる販促を考えてみよう。

## ワクワクさせるレシートの活用

▶レシートに「当たり」が出る企画のPOP広告

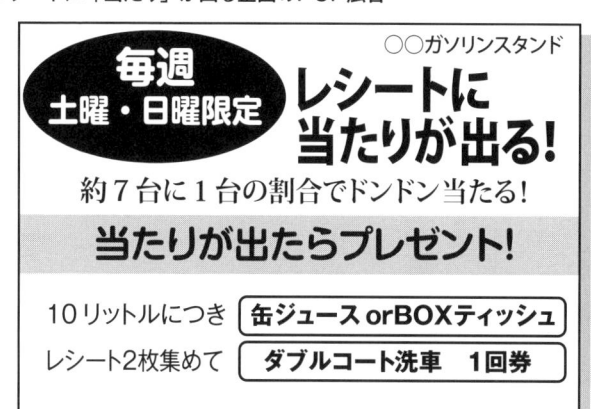

○○ガソリンスタンド

**毎週**
**土曜・日曜限定**

**レシートに当たりが出る！**

約７台に１台の割合でドンドン当たる！

**当たりが出たらプレゼント！**

10リットルにつき　**缶ジュース orBOXティッシュ**

レシート2枚集めて　**ダブルコート洗車　1回券**

▶ピンクレシートキャンペーンの案内チラシ

**ピンクレシートキャンペーン**

**期間　11／24（水）〜12／7（火）**

**ピンクレシートをお集めください！**

**■レシート金額に応じて景品プレゼント**

1万円で当店商品券500円券プレゼント
5千円でファッション手袋プレゼント
2千円でおしゃれケアグッズプレゼント

**景品交換期間　12／8（水）〜12／21（火）**

## 4 「穴埋めクイズ」で知名度を高める

新規開店の際などには、店名の知名度を高めたいものだが、この際有効なのが「穴埋めクイズ」である。店名やキャッチフレーズなどを○の中に書いてもらい、お店の印象を焼きつけようとものだ。折り込みチラシや店内に置かれた応募用紙を、店内の投票箱に入れてもらう。問題はだれでもわかるものにしておこう。

左ページを見てほしい。この店では、「信頼とご満足の明治堂」というのがキャッチフレーズになっている。チラシの紙面には、もちろんこのことが大きく書かれ、だれにでもわかるようになっている。この「信頼」と「ご満足」を○の中に埋めてもらうクイズである。

このクイズは次のようなメリットがある。

・知名度が高まる
・記載項目から顧客名簿がつくれる
・住所から来店範囲（商圏）がわかる
・応募者の傾向からある程度の客層分析ができる

## 「穴埋めクイズ」で印象付けよう

▶折り込みチラシの紙面

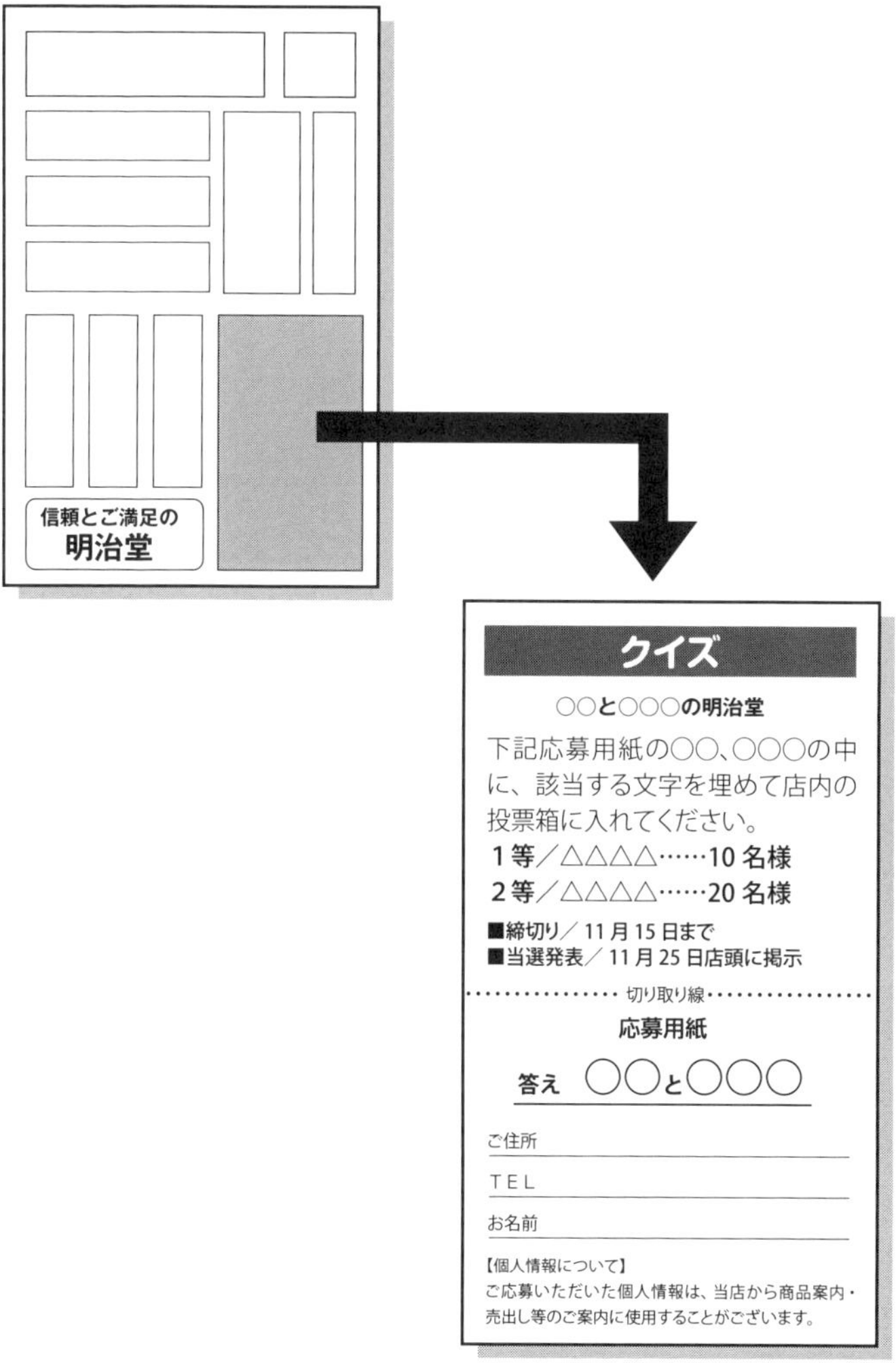
信頼とご満足の
明治堂
クイズ
○○と○○○の明治堂
下記応募用紙の○○、○○○の中に、該当する文字を埋めて店内の投票箱に入れてください。
1等／△△△△……10名様
2等／△△△△……20名様
■締切り／11月15日まで
■当選発表／11月25日店頭に掲示
切り取り線
応募用紙
答え ○○と○○○
ご住所
TEL
お名前
【個人情報について】
ご応募いただいた個人情報は、当店から商品案内・売出し等のご案内に使用することがございます。

## 5 売場の〝空気〟がガラッと変わる楽しいイベント

お客様とゲーム感覚で楽しめるサービスで売場の雰囲気をガラッと変えてしまおう。

ある薬局では、風邪薬をお買い上げのお客様にのど飴をプレゼントしているが、遊び心のある渡し方をしている。

バスケットに入れたのど飴をお玉ですくってもらい、取れただけプレゼントしている。小さめのお玉なので数は取れないが、最後に、さらに従業員が「これはオマケです」と、ごそっと手づかみで取って余分に差し上げている。これが演出なのである。お客様はもちろん大満足である。

レジカウンターで行なっているが、販売のクロージングを楽しいものにすることで、再来店が期待できるし、プレゼントの値段ではなく、「楽しい」というお客様の感情に訴えかけることができる。店主夫人は「こんなことをやると店がイキイキとしてくる。何か空気の流れが〝動〟になるんですよね」という。この店では、この他にもいろいろなイベントで楽しんでもらっているが、このような、エンターテインメントな売り方がどんな売場でも不可欠になる。

## エンターテインメント性の高いイベント

▶薬局のイベント例

風邪の季節到来！
各種お薬揃ってます
ご購入の方にのど飴プレゼント

安売り競争に巻き込まれないために、風邪薬のお客様にのど飴をプレゼントしている。

小さいお玉なので３～４粒しかすくえないが、喜ばれる秘訣は、販売員が「これおまけです」とごそっと手で取って差し上げること。

こうすることで感情に訴えられる。

## 6 お得意様を楽しませる楽しいイベント

「あのお客様はお得意様だから」と安心していると、いつの間にか来店が遠のくことがある。顧客名簿に登録されているお客様でも、一般的には年間2割は店離れを起こしているのが実態だ。お得意様だからと甘んじることなく、いろいろな満足を提供することが不可欠だ。お得意様を喜ばせる簡単な企画はないものか。

サイコロを使ったインストア・プロモーションは、どんな店でも簡単にできる。ゲーム用品店などで売っている普通のサイコロでよい。活用の仕方のひとつとして、お買い上げ客に2つのサイコロをふってもらい、出た目の数で商品券などをプレゼントするのもよい。

他にもいろいろなアイデアが考えられる。例えば、スーパーならお買い上げ客にサイコロ一個をふってもらい、出た目の数だけ「卵」などをプレゼントする。最大6個の卵がゲットできることになる。さらに、お買い上げ金額によって、サイコロを2個ふってもらい同様に卵をプレゼントする。最大12個の卵がゲットできるというわけだ。景品は、業種によっていろいろ考えられるが、ポイントはサイコロの出た目の数だけプレゼントすることである。

## 楽しいサイコロイベント

▶商品券プレゼントの例

セール期間中 1000 円以上お買い上げで
2個のサイコロふって
商品券プレゼント！
サイコロの目の合計が
奇数なら 300 円分プレゼント
偶数なら 500 円分プレゼント
みごとゾロ目が出たら
1000 円分プレゼント
必ず商品券が当たります

▶サイコロゲームのポイント

サイコロの**出た目の数だけ**○○をプレゼントする

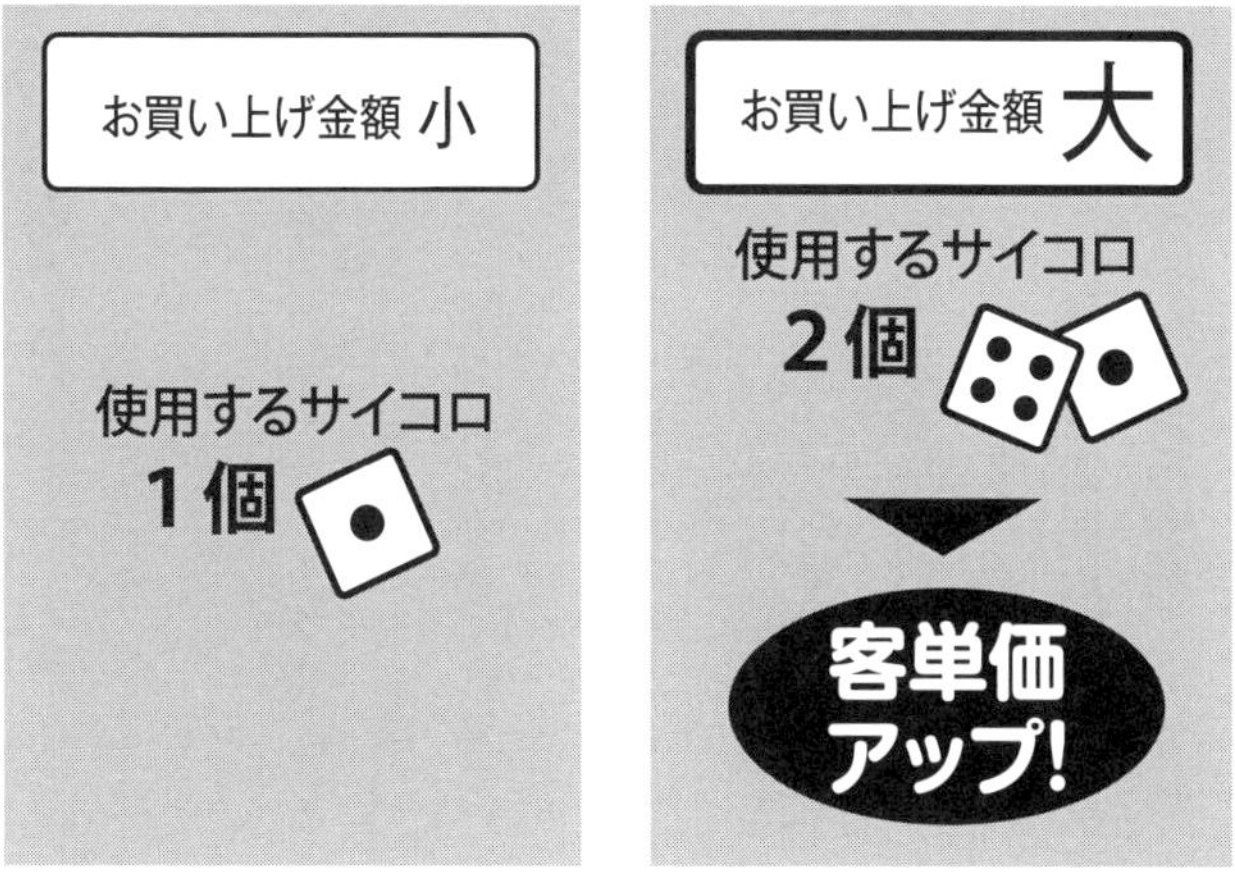
お買い上げ金額 小
使用するサイコロ
1個
お買い上げ金額 大
使用するサイコロ
2個
客単価
アップ！

## 7 商品への関心が高まる人気投票コンテスト

人気投票コンテストの狙いは、商品への関心度を高めることにある。キャンペーン商品や新商品など特定の商品に関心を向けるために有効である。コンテストは、基本的に来店客の誰でも投票できるオープン投票とする。対象商品は、店舗入口正面の最も目立つ場所に展示する。大事なことはコンテスト後のフォローとして人気のベスト5をＰＯＰやポスターなどで情報提供して、これらの商品を人気商品として拡販を図ることである。単なるイベントとして終わらせてはならないということだ。

人気投票コンテストはショッピングセンターでも有効である。あるショッピングセンターでは、出店している婦人服店15店が、共同イベントとして「商品の人気投票」を行なっている。冬シーズンであれば「今年の流行のコート人気投票」として、各店がおすすめのコートを一着ずつ展示して、お気に入りの商品を投票箱に投票してもらう。抽選で商品のプレゼントも行なっている。コンコースの最も目立つ場所で展示しているため、投票に参加してくれる人も多い。商品だけでなく各店への関心度も高まっている。

## 人気投票コンテストで売り伸ばし

▶店内POP広告

**Viva! Boots**

**新作! 今シーズンブーツ勢揃い**

この秋、新しく登場した注目のブーツが勢揃いしました。
あなたのお気に入りはどれですか?

☆お気に入りのブーツをプレゼント!☆

**ファッションブーツ**
**人気コンテスト**

●店頭備え付けの投票用紙にあなたのお好きなブーツの番号を記入して投票してください。

★抽選により
A 賞……10 名様にご投票いただいたブーツをプレゼント
B 賞……100 名様にブーツお買い物券プレゼント

★抽選発表
○月○日に店頭で抽選結果を発表いたします。

| | |
|---|---|
| 狙い | ・今シーズン拡販の決め手となるブーツの品揃えをアピールする<br>・大量陳列と早出し早売り見切り販売でスピーディーな展開を図る |
| 企画内容 | ・拡販を図りたいブーツ 10 点を店舗入口正面の最も目立つ場所に展示する<br>・店頭備えつけの投票用紙でオープン投票にする<br>・締め切り後抽選でブーツを合計 10 足をプレゼント、B賞はブーツをお買い物券(500円券)をプレゼント<br>・投票結果は、人気ベスト5を店舗入口正面の最も目立つ場所に陳列し拡販を図る。また店頭で発表することで再来店を促す |
| PR方法 | ・店内POP広告　・店頭フラッグ　・のぼり　・チラシ |
| 期間 | ・○月第○週～○月第○週 |
| 品揃え | ・40型200足以上陳列<br>・競合店を上回る陳列量にする |

# 8 買い上げ点数を増やす販売術

デフレの時代には、高額商品を拡販することは難しい。客単価を上げるためには買い上げ点数を増やす販売術が必要になる。

ショッピングセンター内に展開している、１００円、２００円、３００円の、３つのプライスラインの商品を販売する生活雑貨店がある。平均買い上げ点数は6点だった。買い上げ点数を増やすために、７点以上お買い上げのお客様には店内の商品を一点プレゼントするという販促を実施した。すると、平均買い上げ点数は目論見どおり7点に増加した。

あるドラッグストアでは、「お買物スタンプラリー」を実施している。対象は化粧品で、「洗顔」「化粧水」「乳液」「クリーム」「おすすめ品」の5種類である。化粧水と乳液は購入しても他の商品は購入しないお客様に、「３ヶ月以内に5種類お買い上げいただければ１０００円割引になります」という企画である。お買い上げいただくと、スタンプラリーカードにスタンプを押し、他の商品を購入する動機をつくっている。買い上げ点数のアップとともに、リピーターづくりにも役立っている。

## 今は買い上げ点数を増やす時!

▶インフレ時とデフレ時の販売戦術の違い

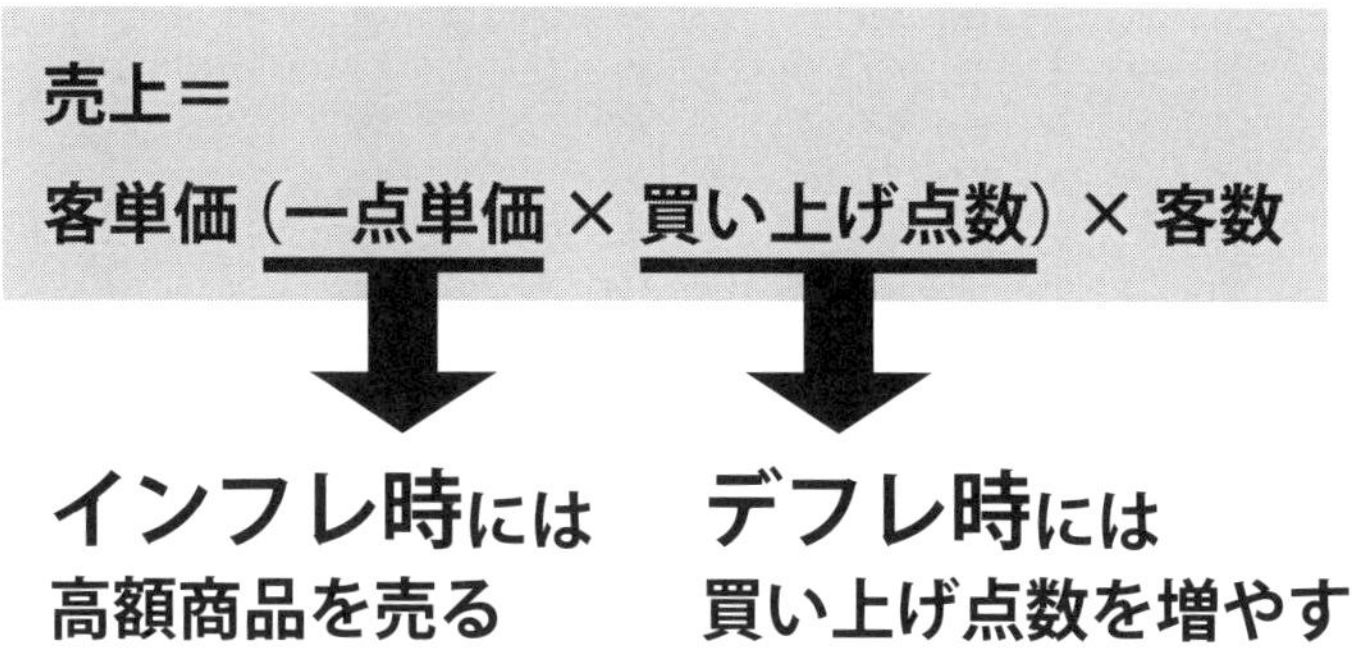
売上＝
客単価（一点単価 × 買い上げ点数）× 客数
インフレ時には
高額商品を売る
デフレ時には
買い上げ点数を増やす

▶ドラッグストアでの「スタンプラリー」の例

化粧品スタンプラリーセール
発行日より3ヶ月以内に下記の5種類の対象
商品をご購入いただくと1000円割引となります
洗顔
スタンプ欄
化粧水
スタンプ欄
乳液
スタンプ欄
クリーム
スタンプ欄
おすすめ品
スタンプ欄
発行日　年　月　日
店名・住所等

# 9 エンターテインメントという売り方で付加価値をつける

本来、買い物は楽しくなければならない。単に〝モノ〟を売る場としての売場ではなく、お客様に喜んでもらう楽しい売場にする必要がある。

そのためには、売り方にエンターテインメントいう付加価値をつけて、店内で楽しく過ごしてもらうための売場づくりが重要になる。お客様の店内滞留時間を長くすることは客単価が上がるなど、販売的にもメリットは大きいのである。

中小専門店では、価格競争には限界がある。価格以外の魅力をつける必要が出てくる。この価格以外の魅力がエンターテインメントなのである。売り方にエンターテインメントという付加価値をつけることで、価格競争以外でも顧客をひきつける魅力が出てくるのである。

エンターテインメントには、92ページのように5つの要素がある。Ｐａｒｔ3では楽しいエンターテインメントの事例をいくつも紹介してきた、さらにいくつか紹介しよう。

ジャンケンは、特別な道具もいらないし、どんな店でも簡単にできるイベントである。例えば、集客が落ちている時間帯の活性化策として、ジャンケン割引タイムを設けて集客を図る。この時間のお買い上げ客には、店主や店員とジャンケンをしてもらい、お客様が負ければそのまま精算をしてもらう。１回勝てば１割引、２回続けて勝てば２割引、以下連続して勝っていくごとに割引率が上がっていく。10回続けて勝てば代金はタダになるという具合である。時間限定で行なうことがポイントである。

次の例もユニークである。１割引から５割引まで、１割刻みの割引率を書いたカードを入れた封筒を用意する。来店客に入口で自由に封筒を取ってもらい、精算するまで開封しないというルールで買物をしてもらう。代金を払う時、はじめていくら安くなるかがわかる仕組みである。悪くても１割引で買えるというわけだ。この企画は、お得意様優待会や展示会などの時に行なうのもおもしろい。その際は、１割引のお客様には商品券プレゼントなど特別な配慮も必要になる。

売場ではＰａｒｔ３で紹介したエンターテインメントはあまり積極的には行なわれていないようだが、品揃えを考えて陳列して、後はお客様任せではなくこうした仕掛けを行なうことで、さらに商品が売れるのである。やっただけの成果が上がるのがインストア・プロモーションである。

## エンターテインメントで付加価値をつける

▶専門店のエンターテインメント5つの要素

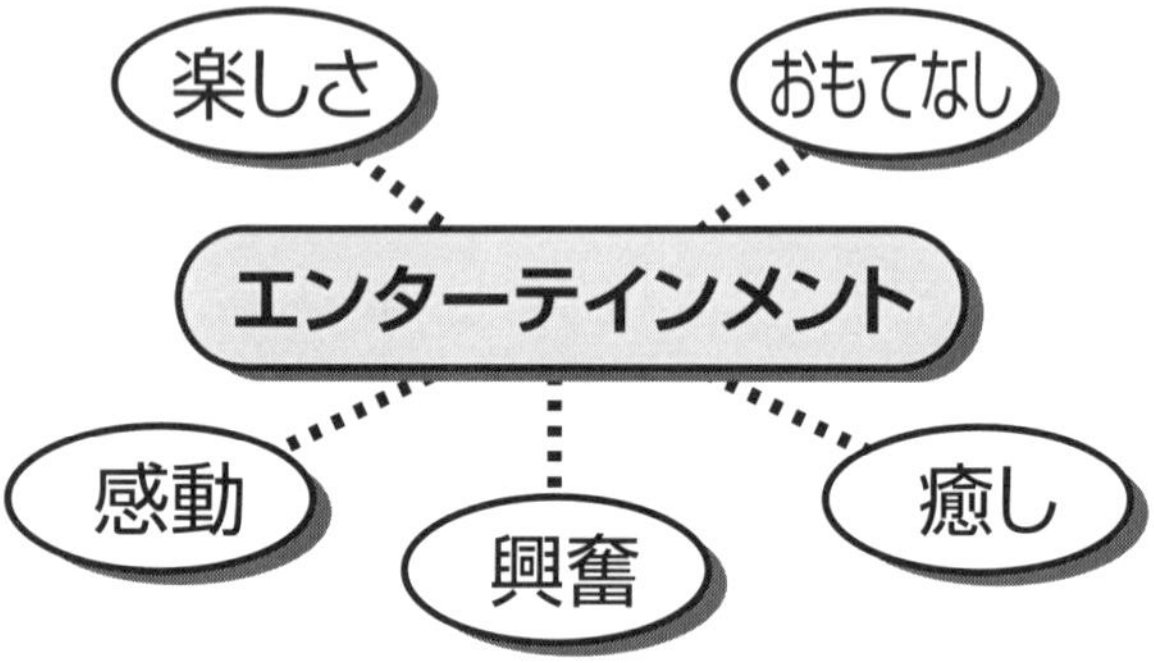
エンターテインメント
楽しさ
おもてなし
感動
興奮
癒し

▶「楽しさ」を演出するジャンケン割引タイムの様子

タイムセール
ジャンケン割引タイム！
ジャンケン
ルール
1回勝てば
1割引
2回勝てば
2割引
3回、4回……
10回勝てば
代金タダ！

# Part 4

# 顧客満足度がグングン高まる「CS（顧客満足）・プロモーション」

# 1 付加価値をつけた売り方を「見える化」したらブレイク



「メーカーは商品に付加価値を、小売店は売り方に付加価値を」、そうしてメーカーと小売店が協調して拡販を図る。構造的な不況下にある業種に不可欠な販売戦略である。

大手量販店の寡占化が進んだ業界では、中小専門店にとって価格競争に勝つことは不可能であり、単純な物品販売業では経営が成り立たない。

構造的な不況下にある中小専門店は、時代の激変にどう適応していけばよいのか。

結論からいえば、売り方に付加価値をつけることである。売り方に付加価値をつけるとは、自店の加工技術など、培ってきた諸々の技術を活かすことである。

自分では気づいていないかもしれないが、今まで当たり前と思っていた技術でも、これをお客様にアピールしてみる。意外なほど反響があったりする。

技術はもちろん有料である。しかし、技術だけでは売上は知れている。あくまでも商品に付帯した技術で、技術と商品の2つで儲けるのである。つまり、ソフトとハードの2つで儲けるということだ。

２つ合わせれば期待以上の客単価になることもあるし、粗利益も高まる。

### ❖「見える化」とは何をすること？

技術と商品の２つで儲ける場合、非常に大事なことがある。

どんな技術を持っているかをお客様に見えるようにすること、つまり「見える化」をするということである。その技術は、「お客様にいわれればウチでもできますよ」という姿勢ではダメなのだ。何ができるか、店側からお客様に見えるようにしてこそ、ウチでもやっているといえる。そこでお客様も消費意欲が喚起される。

カメラ店の事例である。老舗の店でもあり、創業からの写真技術の蓄積は、量販店の比ではない。また、登山と写真教室、修学旅行の出張撮影、卒業アルバム、七五三撮影など地域密着の販売戦略もあり、まさに不動の地域一番店だった。

しかし、量販店の攻勢に押され、プリンターの普及など構造的にも厳しい環境下に置かれている。そこから導かれたのが、写真加工技術を活かし、技術と商品の２つで儲けようという戦略である。次ページは、加工技術を「見える化」するために店内に掲示した大型展示パネルである。ＰＯＰ広告のような小さなものではなく、思い切った大きさにしたのが功を奏した。

## 付加価値を「見える化」していこう

▶カメラ店のパネル展示の事例

写真の楽しさを売る店
カメラの○○
1
お客様のライフワークや思い出を「フォトブック」にしてみませんか？
自分史写真
旅の思い出
子供成長記
お持ちいただいた写真を最短２時間で本にいたします。
こんなフォトブックができます!
・自分史写真集
・私の庭の四季
・旅の思い出集
・子供の成長記
・夫婦の五十年史
・趣味の写真集
・新郎新婦がゴールインするまで
・私の撮り続けた岩木山の四季
…Etc.
お気軽にスタッフにご相談ください
写真の楽しさを売る店
カメラの○○
2
お客様オリジナルの「マイグッズ」をつくってみませんか？
店内書品やお持ちいただいた商品にプリントいたします。
こんなマイグッズができます!
・Tシャツ、トレーナー
・ユニフォーム
・タオル、ハンカチ
・コーヒーカップ
・各種の食器類
・結婚式の引き出物
・イベント用品
・文房具
…Etc.
お気軽にスタッフにご相談ください

### 『用品（ハード）＋写真加工（ソフト）』の販売という発想へ

売上が２つ分（ハードとソフト）上がる可能性が高まってくる。用品だけだとモノ売り屋から脱却できない。

### ソフト（写真加工サービス）の「見える化」が必要不可欠である

「こんなことができます!」を「サンプル展示」「ＰＯＰ」「看板」「パネル展示」等でお客様に見えるようにするのが「見える化」である。

## ガソリンスタンドの作業メニュー

▶作業に要する所要時間を「見える化」した

### 作業価格表と所要時間

| 作業内容 | 工賃価格 | 所要時間 |
|---|---|---|
| ホイールバランス調整 | ¥1000 ／本 | 3分 |
| タイヤローテーション<br>リストアップ不可車 | ¥2100<br>¥3500 | 15分<br>30分 |
| パンク修理・チューブレス<br>リストアップ不可車 | ¥2600<br>¥3000 | 12分<br>20分 |
| ブレーキパッド交換（要予約） | ¥10000～ | 40分 |
| オイルエレメント交換<br>ディーゼル車 | ¥1900<br>¥3500～ | 10分<br>15分 |
| ギヤオイル交換 | ¥1200 ／L | 25分 |
| パワステオイル交換 | ¥3500 | 20分 |
| ブレーキオイル交換<br>リストアップ不可車 | ¥4000<br>¥5500 | 30分<br>40分 |
| ATF オイル交換 | ¥4000 | 30分 |
| エアークリーナー交換 | ¥3500～ | 5分 |
| ラジエーター冷却水交換 | ¥1300 ／L | 40分 |
| クーラーガスチャージ<br>フロンタイプR12<br>12 フロンタイプ 134A<br>コンプレッサーオイルP | <br>¥4500 ／本<br>¥3500 ／本<br>¥3980 ／本 | <br>10分<br>10分<br>2分 |

## 2 〝舞台裏〟を見せたらお店の信用が高まる

メンテナンススペースや作業スペースなどは、従来バックヤードにレイアウトして売場からは見えないようにするのが一般的であった。しかし、これからの中小専門店はこれらを積極的に見えるようにすることが得策である。

大手量販店の価格攻勢と差別化するためには、量販店にはできない専門技術を店内で積極的に見せることである。

調理室や加工場をガラス張りにして、売場から見えるようにしたり、加工機械を売場に露出したりして、お客様の安心・安全に対するニーズにも応えることだ。作業用のカウンターなども売場内にレイアウトして見えるようにしたほうがよい。

これからの中小専門店経営は、ヨーロッパの「工房」スタイルの経営が必要だが、作業カウンターを見えるようにすることで工房風の雰囲気が演出できる。

従来隠していた、いわば〝舞台裏〟を見せることによって、お店の持っている技術を知ってもらうことができるし、信用も高まるのである。

## “舞台裏”を見せて技術を信用してもらう

**▶時計店、カバン店など修理を伴う専門店**

修理カウンターを店内に露出して、見えるようにする。カウンターで作業をしていることで「工房」的な店づくりを演出する

**▶ベーカリーなど食品店**

厨房や調理室をガラス張りにして調理、加工などが見えるようにする

## 3 柔軟な時間活用で、喜ばれるプロモーションができる

「限定販売」は、インストア・プロモーションの最も有効な手段のひとつだが、この項では「限定サービス」について取り上げてみよう。

全日行なうには無理があるが、閑散時間などを利用すればできるサービスもある。これを時間限定で行なうのが「時間限定サービス」だ。「曜日限定サービス」「平日限定サービス」なども同じである。また、「お得意様限定サービス」も同じ考え方だ。

郊外ロードサイド立地の店舗の中には、休日の客数は多いが、平日になると客数が減少する店があるが、そうした店では休日と平日の売り方を柔軟に変えることも必要だ。

例えば、家具売場には組み立て式の家具があるが、お客様自身が持ち帰り、家で組み立てることになる。しかし、高齢のお客様などには組み立てが面倒だったり重労働だったりする。平日の閑散時間帯であれば、慣れた販売スタッフが簡単に組み立ててお渡しする、またはお客様宅へ出張サービスができるかもしれない。「平日限定の組み立てサービス」として打ち出せる。このサービスを定着させることにより、平日の集客力を高めることができる。

## 平日と休日のサービスを差別化する

▶組み立て家具の平日販売「組み立てサービス」の例（家具店）

平日の集客力アップに貢献している
高齢のお客様には大好評!

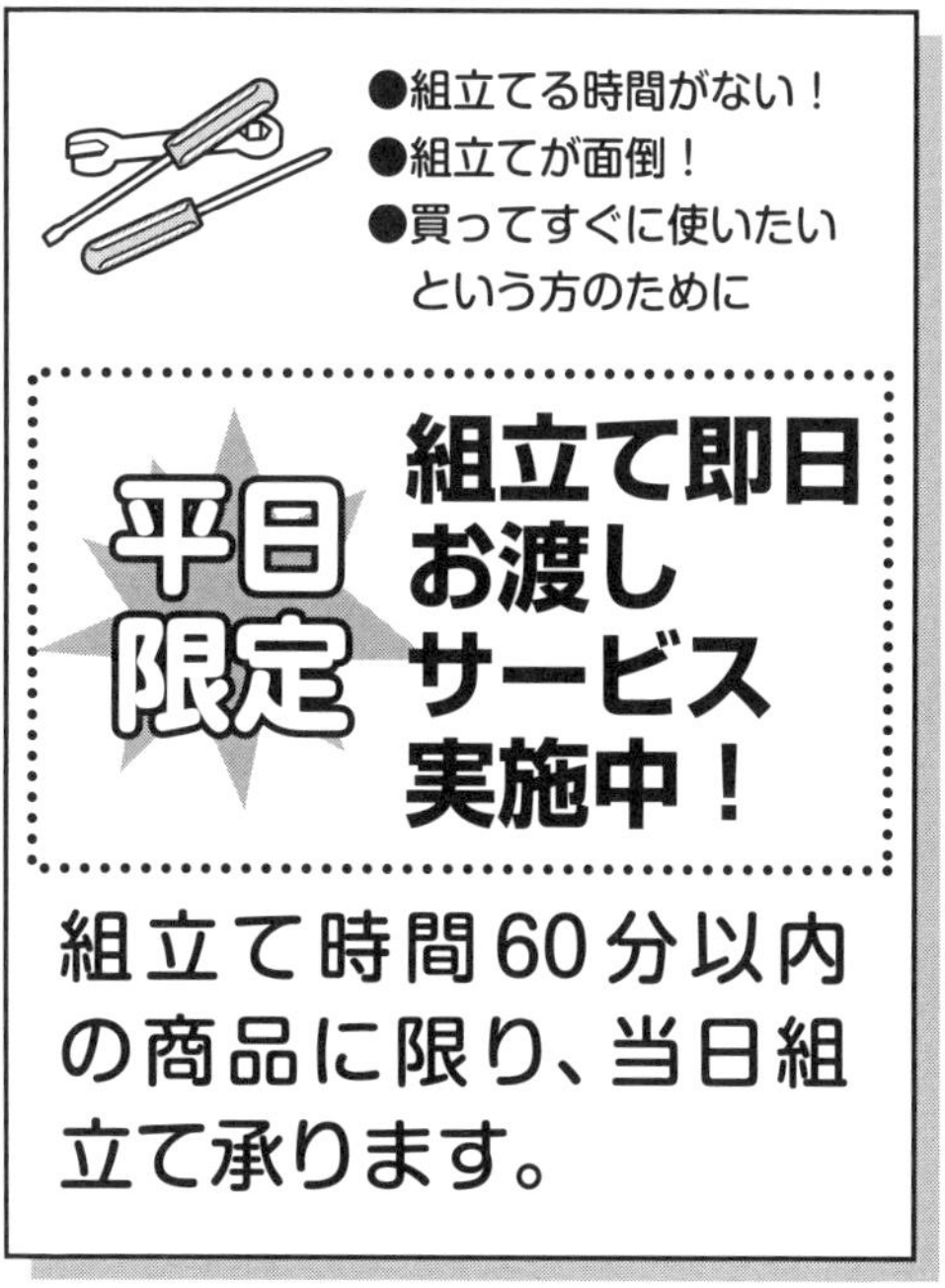
●組立てる時間がない！
●組立てが面倒！
●買ってすぐに使いたい
という方のために
平日限定
組立て即日
お渡し
サービス
実施中！
組立て時間60分以内の商品に限り、当日組立て承ります。

# 4 店頭デモンストレーション販売成功のポイント

かつて「プリントごっこ」という、家庭で年賀状印刷ができる商品があった。現在、製造は終了しているが、昭和の大ヒット商品のひとつだ。毎年、年末になると文具店の店頭で「プリントごっこ」のデモンストレーション販売（実演販売）が行なわれ、年末の風物詩にもなっていた。

季節商品や新商品などを売り込むには、デモンストレーション販売が不可欠だ。お客様に商品の便利さ、おいしさ、手軽さなどを知ってもらい、「ほしい」と思わせることができる。必要によっては、メーカーの協力を得て専門店でも積極的に仕掛けたいものだ。

例えば、家電専門店では、「あったまろう！　おでんまつり」と銘打って、新製品の調理鍋を売り出す際に、テーブルを2つ並べ、ひとつのテーブルで実際にこの鍋でおでんをつくって、来店客に食べてもらい、新製品を紹介している。

他業種でもいろいろ考えられる。例えばガーデニングショップであれば、ハンギングバスケット（花を植え込む吊り下げ式の鉢）のつくり方の実演販売とか、金物店であれば建築工具を使っての実演販売など、いろいろ考えられる。

デモンストレーションでのポイントは次のようになる。

①店頭の目立つ場所で行なう
②店頭のぼり旗などで通行客や車客にアピールする
③スペースがあればテントを設置して仮設スペースで実施する
④買い替えを促すのであれば「下取りセール」を併用する
⑤説明要員と販売要員を明確にしておく
⑥お客様にも積極的に参加してもらう仕掛けをつくっておく
⑦仕入先の協力も得て在庫は豊富に積んでおく
⑧ＰＲ目的なのか、販売目的なのかを明確にして、販売目的であれば販売目標を明確にしておく
⑨独自のＢＧＭを使い雰囲気を盛り上げる

どんな店でも商品を身近に感じてもらえるいいチャンスとなるデモンストレーション販売は積極的に取り組んでいきたい。

## 5 折り込みチラシを超えるケータイ会員向けプロモーション

ケータイメールによる販促は、費用対効果で考えれば折り込みチラシをはるかに超える販促ツールになってきている。中堅のチェーン店でも、すでにケータイ会員が3万人を越える店も現われている。情報量が違うとはいえ、折り込みチラシ3万枚には相応の費用がかかる。しかし、ケータイメールであれば限りなくゼロに近い低コストで実施できる。

ケータイメールの特徴であるリアルタイム性を発揮すれば、雨がふり出したら「雨の日特別提供品30％ｏｆｆ」、甲子園で地元高校が勝利したら「○○高校応援セール」など、タイムリーな企画を、スピーディーに発信することができる。

ケータイ会員の募集はどうすればよいか。折り込みチラシやダイレクトメールなどで会員を募ることになる。この際、一番のポイントは入会のお客様には、「レジにて5％割引」「入会10％ｏｆｆクーポンの進呈」などの割引特典をつけると、入会者は飛躍的に伸びる。

チェーン店であれば、各店で「入会者獲得キャンペーン」を行ない、競わせることも効果的だ。優秀店舗には表彰と金一封を渡す。

## タイムリーでスピーディーなケータイメール販促

▶ケータイ会員募集の例

**ケータイ会員募集中**

特別セールやお誕生日特典などウレシイ情報満載！

**今なら！ 新規加入のお客様のみ**

**全商品レジにて５％割引**

登録ご希望の方はアドレス abc@○○.××.jp まで

▶メールメッセージの例

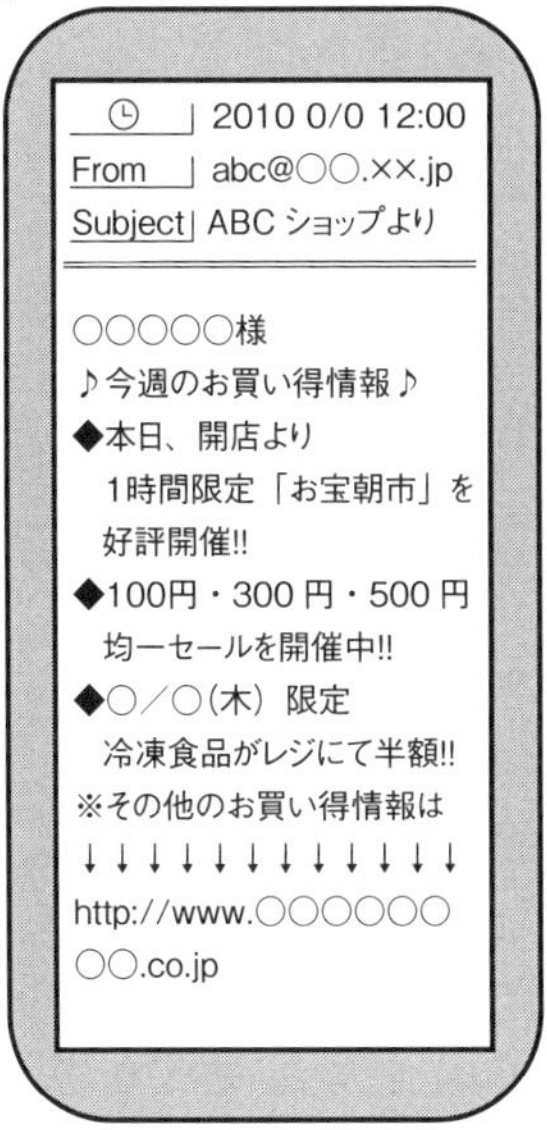
2010 0/0 12:00
From abc@○○.××.jp
Subject ABC ショップより
○○○○○様
♪今週のお買い得情報♪
◆本日、開店より
1時間限定「お宝朝市」を
好評開催!!
◆100円・300円・500円
均一セールを開催中!!
◆○／○（木）限定
冷凍食品がレジにて半額!!
※その他のお買い得情報は
↓↓↓↓↓↓↓↓↓↓↓↓
http://www.○○○○○○
○○.co.jp

## 6 「カウンセリング販売」は専門店の必須プロモーションだ！

子育て支援をテーマに「カウンセリング販売」に徹しているベビー・子供用品店がある。そこでは、母親の子育ての悩みなどに応えている。倒産した地元の百貨店で子供服売場の主任を務めていた店長が任されている店だが、百貨店時代の経験と自らの子育ての経験に基づいた売り方で、商圏の若い母親達から頼りにされている店長である。この店長の存在感が大きいのだ。

店長が売場で、おむつの取り換え方などをお客様に教えていると、他のお客様も徐々に集まってくる。

「若いパパとママのための育児教室」も週末になると定期的に開催している。ちなみにテーマは次のようなものである。

・やさしい沐浴の仕方
・子育ての際のお父さん、おばあちゃんの役割とは
・育児としつけの体験談

・離乳食の始め方
・赤ちゃんの扱いと上手な服の着せ方
・赤ちゃんの時から才能の芽を育てる育児法

実践的な内容で、育児に自信が持てて、楽しくなったとお客様の評判もよい。料金は無料だが、店内で行なっているため、デモンストレーション効果が高く、開催中は入店客数と売上が急増する。

とにかく、妊娠から出産準備、育児のことまで幅広く親切丁寧に「カウンセリング販売」をしている。

専門店での「カウンセリング販売」は安売り競争から脱却する最も有効な手段ともいえる。お客様の悩みや問題に応えられれば購入基準は価格ではなくなってくる。量販店と同じ土俵で戦っていては勝ち目は薄い。量販店の苦手とする「カウンセリング販売」の土俵で精一杯がんばることだ。

# 7 ワクワク「手づくり教室」で固定客づくり

多くの店では、自店なりのこだわりを持って店づくりを進めていると思う。しかし、お客様はそのこだわりをわかってくれているのだろうか。また、せっかく特長があるのに、ＰＲが上手でない店もある。もっとお客様にわかってもらい、固定客を増やしたいものだ。そこで効果的な方法が教室の開催なのである。どんな教室かは、業種によっていろいろ考えられるが、要は、店のこだわりや特長を、お客様にわかってもらうことを目的に開催することである。そして、そのことでお客様の輪を広げて固定客を増やそうとするものである。次にいくつかの例を紹介する。

### ❖手づくりジュエリー教室で固定客を増やす

神奈川県にある宝飾店では、「純銀粘土を使った手づくりジュエリー教室」を開催している。従来の彫金などのような難しいものではなく、純銀でできた粘土状の材料を粘土細工のように自分の好きな形につくることができる。これを電気の窯に入れて焼けば、純銀製のペンダントヘッドや、ブローチ、指輪などが簡単にできるというわけだ。

２時間程度の講習で、当日自分の創ったジュエリーを身につけて帰ることができるのでお客様は喜んで参加している。この店では、２階の活用方法に悩んでいたが、教室を２階で開催することで、スペースの有効活用にも貢献している。教室の参加費用は２０００円程度だが、最近は受講者が増え、すぐに定員が埋まってしまうこともある。この宝飾店では、年に一度の決算セール以外は、すべてこの教室への参加を呼びかけるダイレクトメールを送付している。参加人数にかぎりがあるので、毎月１００人程度のお客様に送付している。

この教室開催のメリットは、お客様が友人などの他のお客様を連れてくることだ。これがお客様の輪が広がる仕掛けとなっている。

### ❖ワイン教室でワインの固定客が増えた！

大阪の「リカーショップ・U」では、「ワイン教室」を開催している。ワインを楽しむための「入門コース」と、ソムリエになるための「ソムリエ資格取得コース」の２つのコースが用意されている。「入門コース」の内容は、「ワインの上手な買い方」「家庭での保存の仕方」「上手なコルクの開け方」「レストランでのホストティスティングの仕方」となっている。

講習は、ワインの試飲もしながら行なわれるため、楽しい雰囲気の授業になっている。また、これがきっかけで、ワイン好きになり、同店の固定客になっているお客様もたくさんいる。会場は、店舗の２階の教室で行なわれ、全５回の受講で２５０００円の受講料。募集は、店内に置かれたパンフレットとダイレクトメールで行なわれている。また、Ｗｅｂサイトでは授業風景も公開されている。

### ❖年に一度開催される超人気のケーキ教室

定期的な開催は難しいという店も多いと思う。そうした店は、イベントとしてスポット的に開催してみてはどうだろう。

茨城県の洋菓子の店では、いちごを使った洋菓子が人気を集めている。この店は、近くのいちごの生産農家と契約している。ここで収穫されたおいしいいちごを使ったおいしいケーキが地元でも話題の店なのだ。毎年、人気イベントがある。「いちご狩りと手づくりケーキ教室」である。開催案内は、ダイレクトメールで行なっているがすぐに定員になってしまう。

教室の内容は、まず生産農家のいちご畑に行き、ここでいちご狩りを楽しんでもらう。その後、店に戻り、摘みたてのおいしいいちごを使ったショートケーキを、参加者全員でつくってもらう。「こだわりの農家」と「こだわりの洋菓子店」のコラボレーションである。

### ❖こだわりの商品を理解してもらい、固定客が増えたパン・洋菓子店

最近注目されている米粉を使ったケーキやパンを売り出しているパン・洋菓子店があるが、なかなかお客様の理解が得られないでいた。そこで実施したのが米粉を使ったケーキ教室である。そもそも米粉とは、米を原料にして製粉した米穀粉で、だんごや和菓子の原料としては広く使われているものだが、これを洋菓子やパンの原料としても使おうというものである。小麦粉アレルギーの人でもおいしくケーキを食べられるし、小麦粉と比較して低カロリーで、出来上がりもきめが細かくなめらかでしっとりとした食感のケーキになる。

この店では、この米粉でつくったこだわりのパウンドケーキやシフォンケーキなどに力を入れて売っている。このおいしさを知ってもらうためにケーキ教室を開催しているのである。厨房を使って行なわれ、毎回十名ほどの参加者がいる。例えば、次のような講座がある。「長さ30センチもあるデラックスロールケーキのつくり方」「米粉を使った3色クッキーのつくり方」「米粉でスポンジ生地をつくったフルーツゼリーのサンドケーキのつくり方」

出来上がったケーキは皆で楽しく試食をする。感想は「しっとりしていて、とてもおいしい」「甘すぎず、ちょうどよかった」「意外と簡単につくれて楽しかった」など好評で、こだわりの商品が理解され、今では固定客が急増しているのである。

では、これらの教室を成功させるポイントを3つにまとめてみよう。

**①開催目的を明確にする**

教室そのものは、けっして儲かるものではない。何のための開催か、目的を明確にすることだ。例えば、「店を理解してもらい固定客を増やす」、「お客様の輪を広げて客数を増やす」、「商品の理解を深めてもらう」、「とにかく楽しんでもらう」、「店のファンを増やしクチコミ効果を狙う」などということである。

**②低コストで運営する**

教室開催費用の大部分を占めるのが、教室の家賃と講師の人件費である。できれば、自社の空きスペース（会議室など）で行なうことである。調理室などの設備があればそこで行なうのもよい。店で開催することで費用削減だけでなく、来店にもつながるし、堅苦しい雰囲気にもならない。講師は、店主や社内スタッフで行なうのがベストだ。

**③少人数の開催にする**

お客様の輪を広げることも目的だから、お客様同士、和気あいあいとコミュニケーションが図れることが大事である。10人程度が適当だろう。

## 店頭でできる教室開催の例

| 店の種類 | 教室内容 |
|---|---|
| スポーツ用品店 | 里山歩き教室 |
| ホームセンター | ガーデニング教室 |
| 宝飾店 | 手づくりジュエリー教室 |
| 手芸展 | 毛糸の草木染め教室 |
| 酒店 | ワイン通になるための教室 |
| 呉服店 | 着付け教室 |
| 電器店 | パソコン教室 |
| 陶器店 | 陶芸教室 |
| 靴店 | 中高年のウォーキング教室 |
| 文具店 | ラッピング教室 |
| 自転車店 | ツーリング教室 |
| カメラ店 | 山歩きと写真教室 |
| 生花店 | フラワーアレンジメント教室 |
| 生活雑貨の店 | テーブルセッティング教室 |
| レストラン | テーブルマナー教室 |
| そば店 | 手打ちそば教室 |
| 書籍店 | 読み聞かせ教室 |
| ＣＤ店 | ジャズを楽しむための教室 |
| 楽器店 | 音楽教室 |

## 8 器具のレンタルで本業商品の売上が伸びる

商品はほしいが、その商品を使いこなすには他の道具が必要なために購入を躊躇してしまう商品も多い。必要であれば、道具をレンタルしてでも商品の拡販に努めることだ。ホームセンターは取扱商品が多く、動きの鈍い商品もあるが、それらの商品は売れない理由が共通していた。その理由はお客様の声を聞いてわかった。

「材料（商品）はほしいのだが、それを活用する際に工具が必要になり、それだけのために工具を買うのは無駄なので、結局材料を買うのもやめた」というものであった。

そこで始めたのが、工具のレンタル（有料）だった。例えば、ガーデニング用のレンガを購入したお客様には、これを施工するための道具をレンタルしてくれるため、業者に頼まず、自分で施工することで安くできるという具合である。

### ❖器具をレンタルすれば売りたい商品が売れる

北陸地方のショッピングセンター内に立地するミートショップでは、調理器具のレンタルで喜ばれ精肉の拡販に成功している。それは、バーベキュー器具のレンタルである。パーティーなどでバーベキューをしたいが、調理器具がないというお客様には有料でレンタルしている。対象は精肉のお買い上げ客である。

場所がないというお客様には本店（兼自宅）の裏にある庭を開放して利用してもらっている。店主夫人が、ガーデニングが趣味であるため、イングリッシュガーデンのような中で楽しめるとクチコミが広まっている。おいしい肉の調理法などもアドバイスしている。幼稚園児の誕生会や主婦の集まりなどに利用されて大変好評という。バーベキュー用肉や他の食材の拡販につながっていることはいうまでもない。

### 器具のレンタルで本業商品の売上が伸びる

▶ホームセンターの例

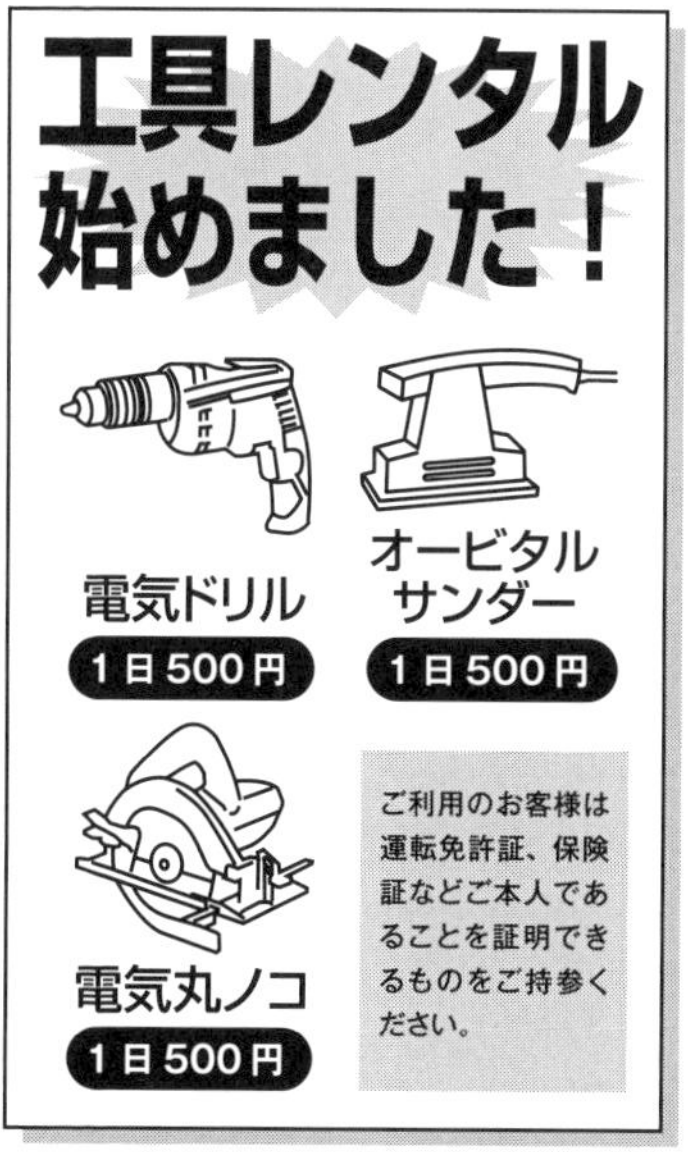

工具レンタル始めました！
電気ドリル
1日500円
オービタルサンダー
1日500円
電気丸ノコ
1日500円
ご利用のお客様は運転免許証、保険証などご本人であることを証明できるものをご持参ください。

# 9 今買わないと損と思わせる「限定販売」のいろいろ

限定販売は、購入を迷っているお客様に、「今買わないと損」と思わせ、購入を決断させる売り方である。マンネリ化した売り方で「いつ買っても同じ」と思わせては、買い上げには結びつかない。

限定販売の種類は左ページ表のようなものがあるが、限定販売の本来の売り方は在庫を豊富にして、品切れのないようにする売り方が本質である。

限定一台など、明らかに一般のお客様には手に入りにくい、単なる客寄せ的な売り方からは、お客様の満足は生まれてこない。また限定販売期間を過ぎても同じような売り方をしていては、お客様の信用が得られないのはいうまでもない。

限定販売のインパクトは大きいものがあり、開店時間前に店頭に行列ができることも珍しくない。行列の整理係などを配置して、お客様の不満を買わないようにすることが必須だ。「毎週水曜日は感謝デー」などの限定販売は継続的に行ない、毎週の恒例催事として定着させることも大事だ。いずれにしても、いろいろな種類があるので組み合わせて併用するとよい。

## 限定販売のいろいろ

| 限定販売の種類 | 限定販売の実際 |
| --- | --- |
| 時間の限定販売 | ・タイムサービス<br>・朝市<br>・夕市<br>・ナイトセール<br>・ランチセール<br>・午後の市 |
| 日にちの限定販売 | ・雨の日サービス<br>・毎週水曜感謝デー<br>・本日限りのお買い得品<br>・毎週金曜日は金曜市<br>・週末限りの感謝セール |
| 客層の限定販売 | ・当店お得意様ご優待セール<br>・本日レディースデー<br>・当店会員様特別セール<br>・ＤＭご持参の方さらに 10%優待<br>・ポイントカード客優待セール<br>・60 歳以上のお客様シルバー割引 |
| 数量の限定販売 | ・現品限り<br>・先着 100 個限り<br>・お一人様２点限り<br>・限定 50 食<br>・品切れ必至！　お早めに<br>・売切れ御免！　予約承ります |
| その他の限定販売 | ・売切れしだいセール終了<br>・限定５組様限り（旅館）<br>・季節限定<br>・一見さんお断り（高級料亭）<br>・地域限定（地産地消商品など） |

限定販売の例

水曜日限定企画
レディースデー&
洗車の日
花一輪
プレゼント中!
女性ドライバー先着
100 名様
FK−2
ダブルコート洗車300円
店頭のよく見える場所に
プレゼントする花を置いておく

# Part 5

# インストア・
# プロモーションの要！
# 売れるPOPの
# アイデア

# 1 すぐ効く限定販売のPOP広告

限定販売については、すでに116ページで解説しているが、この項では限定販売のPOP広告について解説しよう。

掲示枚数が多すぎては効果が薄れるため、あまり多用せずに絞り込んで使用したほうが得策だ。限定販売を継続的に行なう時は、本日のお買い得品などを日替わりで頻繁に変えることが必須だ。

期間限定のセールなどは、値札に期間を明示した別紙POPを貼りつけてわかりやすくすると、買い上げ客が増える。限定販売POPの掲示場所は、棚や商品に直接掲示するのもよいが、二重値札のように掲示するのも効果的だ。

限定販売POPには、細かい商品説明などは書かずに、スポッター（121〜123ページ参照）のようにすることがポイントである。「○○限定！」といった具合に、ワンフレーズのほうがお客様に与えるインパクトは強い。いずれにしても、お客様が思わず買ってしまうのが、限定販売POPの狙いである。

## 限定販売のPOP広告の例①

▶時間限定販売のPOP

## 限定販売のPOP広告の例②

▶日にち限定販売のPOP

## 限定販売のPOP広告の例③

▶客層限定販売のPOP

ポイントカード会員のお客様
レジにて
さらに 2割引

60歳以上のお客様割引価格で！
シルバー割引

本日レディースデー

女性のお買い上げ客に素敵なプレゼントをご用意しました

▶数量限定販売のPOP

現品限り！

先着20名様限り！

限定
3台

品切れ必至！
お早めに

限定50食！

# 2 驚くほど来店客を増やす看板とPOP

店頭看板やＰＯＰ広告は〝マスメディア〟である、という認識を持つことが大事だ。例えば店頭の通行量や車両交通量が１日当たり平均５０００台（人）とすれば、年間では１８２万５０００台（人）である。これは立派な〝マスメディア〟である。

これらの人達に有効なアプローチをすれば、来店客はまだまだ伸びるのだ。

左ページは、店頭を宣伝媒体と考え、徹底的に広告スペースとして活用した例である。正面には店名看板がなく（側面に小さくある）、店名よりも商品やサービスをアピールしている。そのことで驚くほど来店客を増やし、売上も伸ばしているのだ。

店頭のガラス面にもたくさんのＰＯＰが貼られている。店内の見通しが悪くなるデメリットがあるが、それを超える情報発信でアピールしているのである。

業種によってどの程度までやるかは、検討の余地があるが、いずれにしても店頭を宣伝媒体として活用する、という考え方はどの業種にも共通している。店頭でのパフォーマンスをもっと強化して来店客を増やすことだ。

## 驚くほど来店客を増やす看板とPOP

▶ガソリンスタンドの例

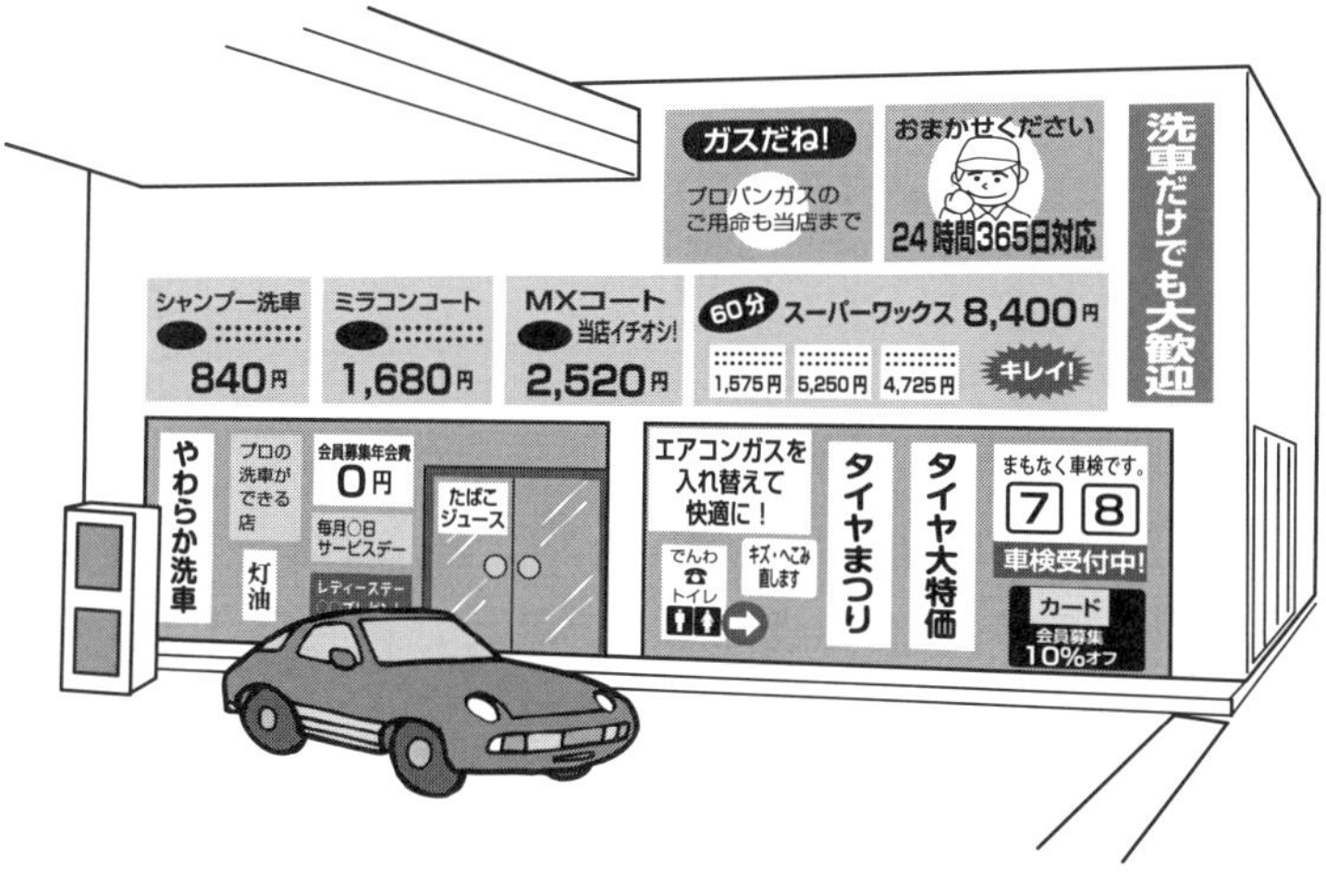

## 3 啓蒙POPでお客様の商品知識を正す！

お客様の商品知識や商品選びが常に正しいとは限らない。特に不況期になると、安くなければ売れないという現実があり、低価格商品に流れてしまう。

こだわりの商品は、そのこだわりをお客様に理解されなければ売れない。そこで必要になるのがお客様を啓蒙するＰＯＰ広告である。一般的なＰＯＰ広告はシンプルであるほど効果的だが、啓蒙ＰＯＰは丁寧な説明が必要になる。

左ページは靴店の例だが、靴選びのポイントを啓蒙ＰＯＰでアピールしている。靴選びが悪いと頭痛、腰痛の原因にもなることがあり、カウンセリング販売で高齢のお客様には時間をかけてじっくり販売している。

マスコミ記事などをラミネート加工して啓蒙ＰＯＰに利用するのも一手だ。客観的な情報なので説得力が増す。

お客様の商品に対する認識を正しく持ってもらう、これもインストア・プロモーションの大事な役割である。

## 啓蒙POPでこだわりを説明

▶靴選びの大切さを啓蒙するPOP広告

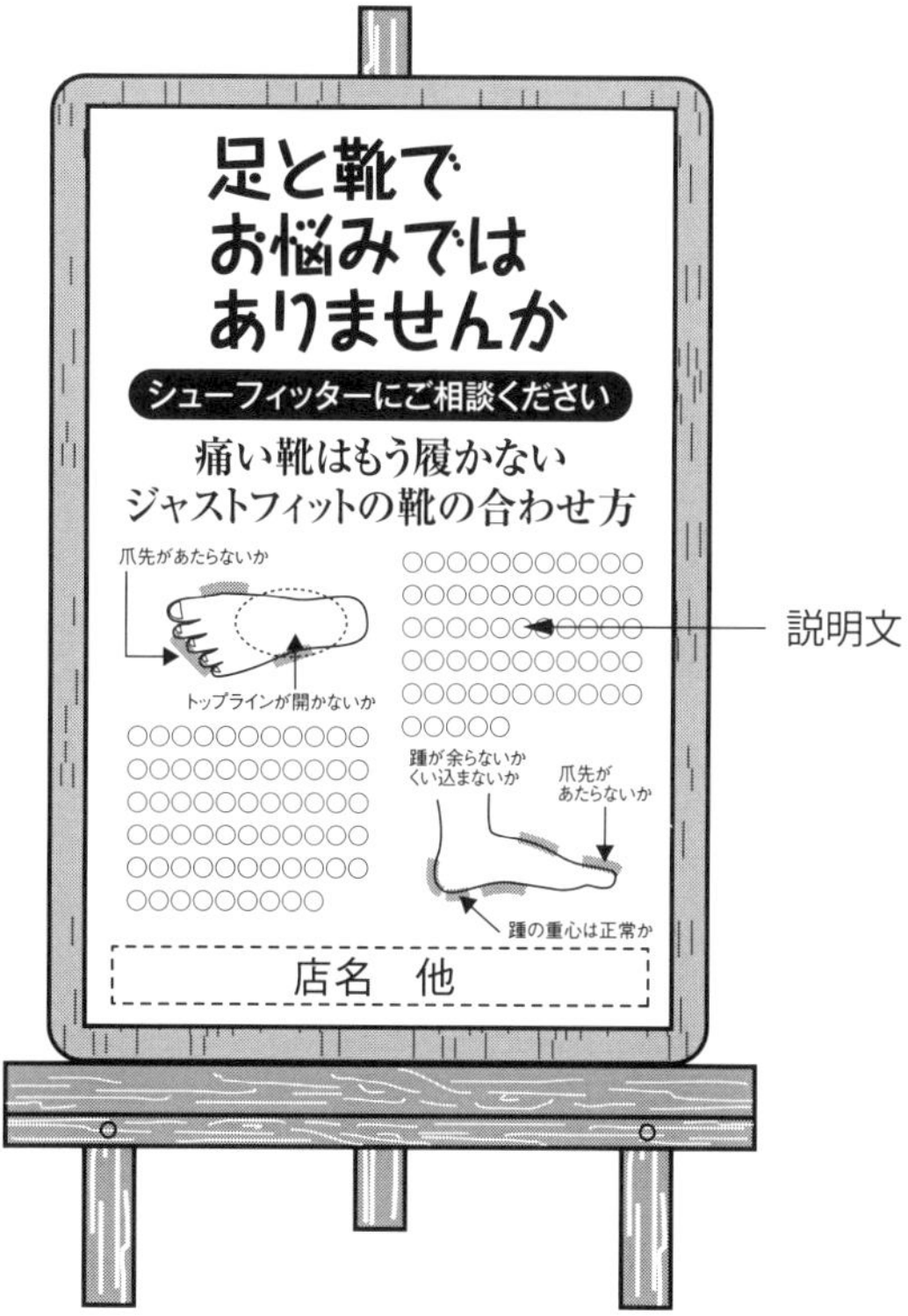

## 4 販促チャンスを逃がすな！ タイムリーなPOP広告

年間を通して最大の販促チャンスは、季節売上を確実に上げることである。季節売上をつくることは、インストア・プロモーションの重要な要素だ。

POP広告、手配りチラシなどでアピールすることになる。お客様は潜在的に季節商品の必要性に気づいてはいるが、購入には至らない場合がある。この時有効なのが、季節需要を喚起するPOP広告だ。ポイントは次の通りだ。

・季節の準備を早めに促すキャッチコピーにする
・昨シーズンにはない新商品を目立つようにアピールする
・快適に季節を過ごす提案をする
・リピーターに季節商品の買い替えを促す
・チェックリストでメンテナンスの必要性をアピールする

季節商品の拡販は、事前の準備が肝要でタイミングが遅れれば売り逃がしになり、不良在庫を抱え込むことにもなりかねない。万全の準備で売り切りたい。

## 販促チャンスを逃すな!　タイムリーなPOP広告(カーショップの例)

▶夏需要を喚起するバッテリーのPOP

**バッテリー点検は夏こそ大事!**
**そのわけをご存知ですか?**

エアコン、ワイパー、ライト、カーナビなどの同時使用が頻繁に起こる夏はバッテリーがダメになりやすい季節です。

**こんな方に点検をおススメします!**

・エンジンのかかりが悪くなったという方
・ライトが暗くなった感じのする方
・2年以上バッテリーを交換していない方

▶梅雨から台風のシーズンの需要を喚起するワイパーのPOP

**梅雨、夕立、台風シーズン到来!**

雨の日にあなたの視界を守ってくれるワイパーは年に一度が交換の目安です。雨の日の運転を楽しくするためにワイパー点検をしてみてはいかがですか!

**こんな方に点検をおススメします!**

・雨の日の視界が悪くイライラする方
・雨の日の運転が怖く感じる方

当店ではワイパーの点検と交換にもしっかりと対応いたします。お気軽にご相談ください。

# 5 販促カレンダーPOPで「毎日がお得」をアピールする

商店街などに立地する中小専門店は集客力が大きく低下している。店舗は独自の集客力を持たなければならないが、そのツールのひとつが販促カレンダーPOPだ。月間の販促カレンダーをつくり、POP広告として店内に大きく掲示する。また、手渡しチラシとしても活用する。来店客に今月のお買い得品やセール、イベントなどを案内し、再来店をしてもらおうとする狙いである。

中小専門店では、商圏の拡大といっても限界がある。しかし、1人のお客様に100回来店してもらえば、商圏は100倍も同然だ。販促カレンダーの狙いは固定客の来店動機をつくることにあるのだ。

左ページは、毎日何かしらを行なっている勢いのある店だが、毎日とはいかなくてもクリスマスセールや母の日セールなど定番催事を掲示したり、「育児相談会」、「春のヘルシー健康管理」など、スポット的に行なう催事の案内でもよい。とにかく「いつも何かをやっている元気な店」というイメージづくりが大事だ。

## 販促カレンダーPOPで来店動機をつくる

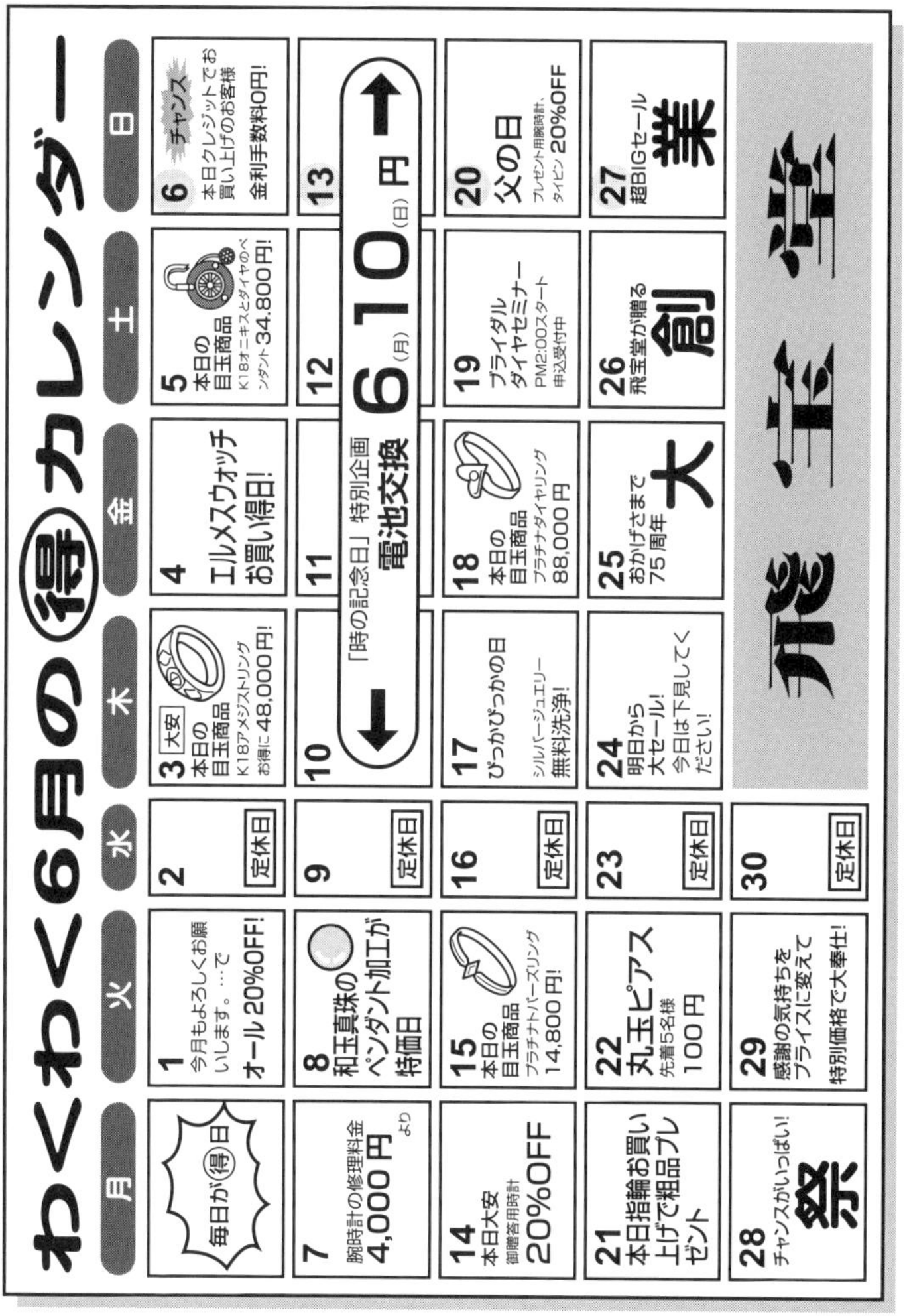

わくわく6月の得カレンダー
月
火
水
木
金
土
日
毎日が得日
1 今月もよろしくお願いします。…で
オール20%OFF!
2 定休日
3 大安 本日の目玉商品
K18アメジストリング
お得に48,000円!
4 エルメスウォッチお買い得日!
5 本日の目玉商品
K18オニキスとダイヤのペンダント34.800円!
6 チャンス
本日クレジットでお買い上げのお客様
金利手数料0円!
7 腕時計の修理料金
4,000円より
8 和玉真珠のペンダント加工が特価日
9 定休日
10
11
12
13
「時の記念日」特別企画
電池交換 6(月) 10(日) 円
14 本日大安
御贈答用時計
20%OFF
15 本日の目玉商品
プラチナトパーズリング
14,800円!
16 定休日
17 ぴっかぴっかの日
シルバージュエリー
無料洗浄!
18 本日の目玉商品
プラチナダイヤリング
88,000円
19 ブライダルダイヤセミナー
PM2:00スタート
申込受付中
20 父の日
プレゼント用腕時計、タイピン 20%OFF
21 本日指輪お買い上げで粗品プレゼント
22 丸玉ピアス
先着5名様
100円
23 定休日
24 明日から大セール!
今日は下見してください!
25 おかげさまで75周年
大
26 飛宝堂が贈る
創
27 超BIGセール
業
28 チャンスがいっぱい!
祭
29 感謝の気持ちをプライスに変えて
特別価格で大奉仕!
30 定休日
飛宝堂

# 6 需要を確実にゲットするすごいPOP広告

消費需要には、毎年確実に需要が顕在化する商品がある。例えば、新入学児童の学習机やランドセルである。これに、インストア・プロモーションを仕掛けない手はない。多くの業種でこうした商品がある。例えば、ドラッグストアやベビー子供服の店では出産準備用品だ。核家族化した家庭の母親などは何を買い揃えればよいのか悩んでいるお客様も多い。この相談にのりながら拡販を図ることがポイントだ。

そこで効果的なツールになるのが「お買物チェックリスト」（左ページ）だ。何を買い揃えればよいのか一目瞭然のＰＯＰ広告（手渡しチラシにもなる）を店内に掲示する。お買い上げ商品にはスタンプを押し、合計お買い上げ金額の10％をキャッシュバックする。お客様にはうれしいサービスのはずだ。

業種によっては消費需要が顕著にならない商品もある。しかし、調べてほしい、昔ほどの季節需要の売上の山はないかもしれないが、小さな山は今でも確実にあることが多い。こうした商品には前向きにインストア・プロモーションを仕掛けるべきなのである。

## 消費需要の山に合わせて訴求する

▶出産準備用品の買物チェックシート（ドラッグストア）

### ご出産準備用品チェックリスト

| スタンプ欄 | 商品名 | お値段の目安 | お買い上げ金額 |
|---|---|---|---|
| | 妊娠線予防クリーム | ○○○○　円 | 円 |
| | マタニティインナー | ○○○○　円 | 円 |
| | 母乳パット | ○○○○　円 | 円 |
| | さく乳器 | ○○○○　円 | 円 |
| ● | 哺乳びん | ○○○○　円 | ○○○○ 円 |
| | 調乳ポット | ○○○○　円 | 円 |
| | 哺乳びん消毒 | ○○○○　円 | 円 |
| | おしゃぶり | ○○○○　円 | 円 |
| | ベビーバス | ○○○○　円 | 円 |
| | ベビーソープ | ○○○○　円 | 円 |
| | | | |
| | 計 | ○○○○　円 | |
| | 合計お買い上げ金額 | | 円 |

スタンプのついた商品の合計お買い上げ金額の10%を現金にてキャッシュバックいたします。

**店名等**

# 7 お店の想いをPOPで伝える

つくり手の〝顔〟が見えるとお客様は安心する。食品はもちろんだが、あらゆる商品に最近は安全性が求められている。特に食品に関しては、低価格志向から「多少高くても安全な商品を」という消費者ニーズも高まっている。

地元の農家が販売する農産物直売所が、その日に収穫した新鮮で安全な食品を提供して人気を得ているのはその表われである。直売所では、生産者の名前と顔写真やメッセージなどをPOP広告で掲示することは必須の条件。文字通り〝つくり手の顔が見える〟POP広告だ。生産者が農作物をつくる想いやこだわりを、POP広告を通して熱い気持ちと意気込みを伝えているのだ。

この考え方は、中小専門店の全業種にも共通する。お店のこだわりや商品を積極的にPOPでアピールしていくべきだ。黙っていてもお客様はわかってくれる、という考えでは固定客以上にお店のファンは増えない。もっとPOPでアピールして新規のお客様も増やさなければならない。お店の想いやこだわりをもっとお客様に伝えよう。

## POPはお店の想いを伝えるツール

▶経営方針を明示したPOP

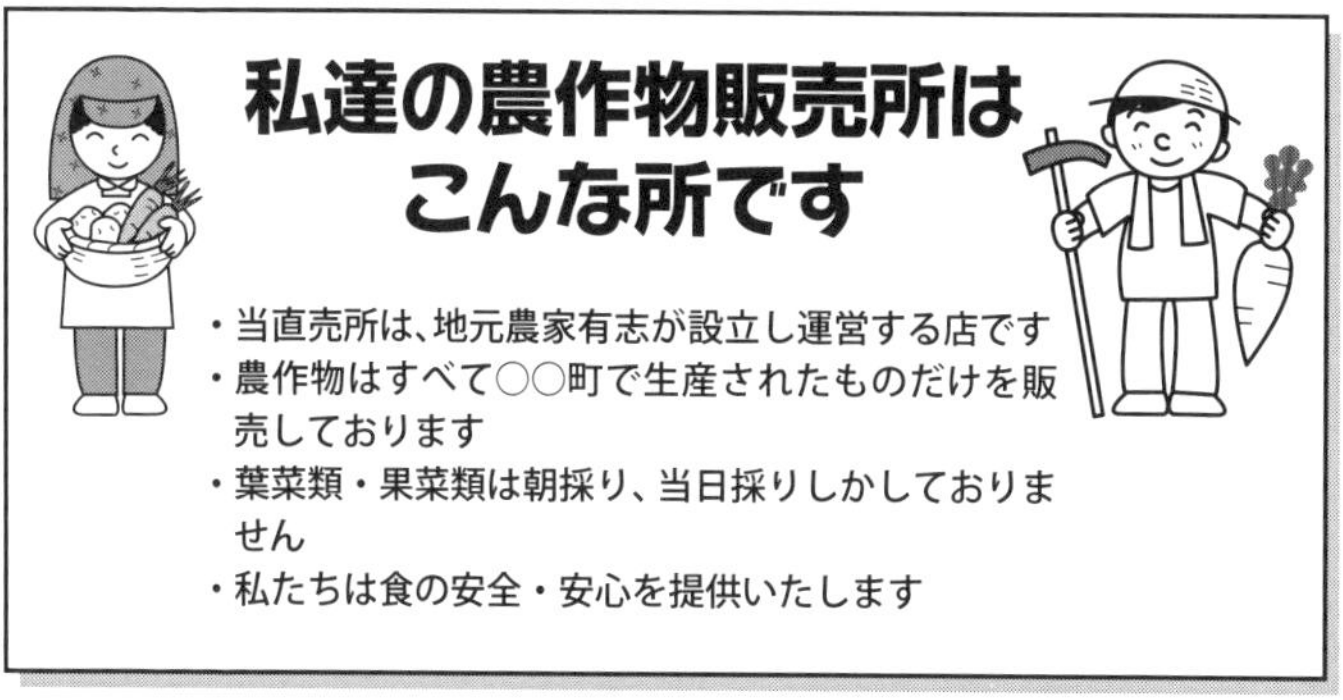
私達の農作物販売所は
こんな所です
・当直売所は、地元農家有志が設立し運営する店です
・農作物はすべて○○町で生産されたものだけを販売しております
・葉菜類・果菜類は朝採り、当日採りしかしておりません
・私たちは食の安全・安心を提供いたします

経営方針を明示することで、お客様のみならず組合員やスタッフにも意識が徹底される

▶生産者の想いをPOPで伝える

私が心を込めてつくりました
畑の土にこだわってできた、今朝収穫したばかりの安全でおいしい野菜を毎日出荷しています。どうぞお召し上がりください。
○○村△△８３１番地
野山次郎　電話１２３４−５６−７８９０

鮮度だけでなく、おいしさや安全性も伝えている

# 8 思わず買ってしまう「品切れ必至POP」

「品切れ必至ＰＯＰ」は、人気商品であることをアピールする仕掛けであり、一種の限定販売でもある。商品は毎日完売したいものだが、品薄になると売れ残り品のようなイメージを与えて売れ行きが悪くなるのが一般的である。この対策としては、値引き販売で処分することになるが、値引きをせずに完売できればベストだ。

「品切れ必至ＰＯＰ」を掲示すると、残った商品の売れ行きもよくなることがある。例えば、洋菓子ケーキ。品薄になっても、売れ残り品というイメージではなく、「人気の商品だからすぐに売れてしまうのだ！」というイメージをお客様が持つからだ。

野菜や果物でも左ページのように、平台の商品が売れて品薄になると、底に掲示してあるＰＯＰ広告が見えてくる仕掛けも効果的である。これによって、人気商品であることをアピールするのである。

いずれにしても、「品切れ必至ＰＯＰ」は消費者心理をついて購入を促す仕掛けであり、人気商品であることを演出する仕掛けでもある。

## 消費者心理をついた「品切れ必至POP」の例

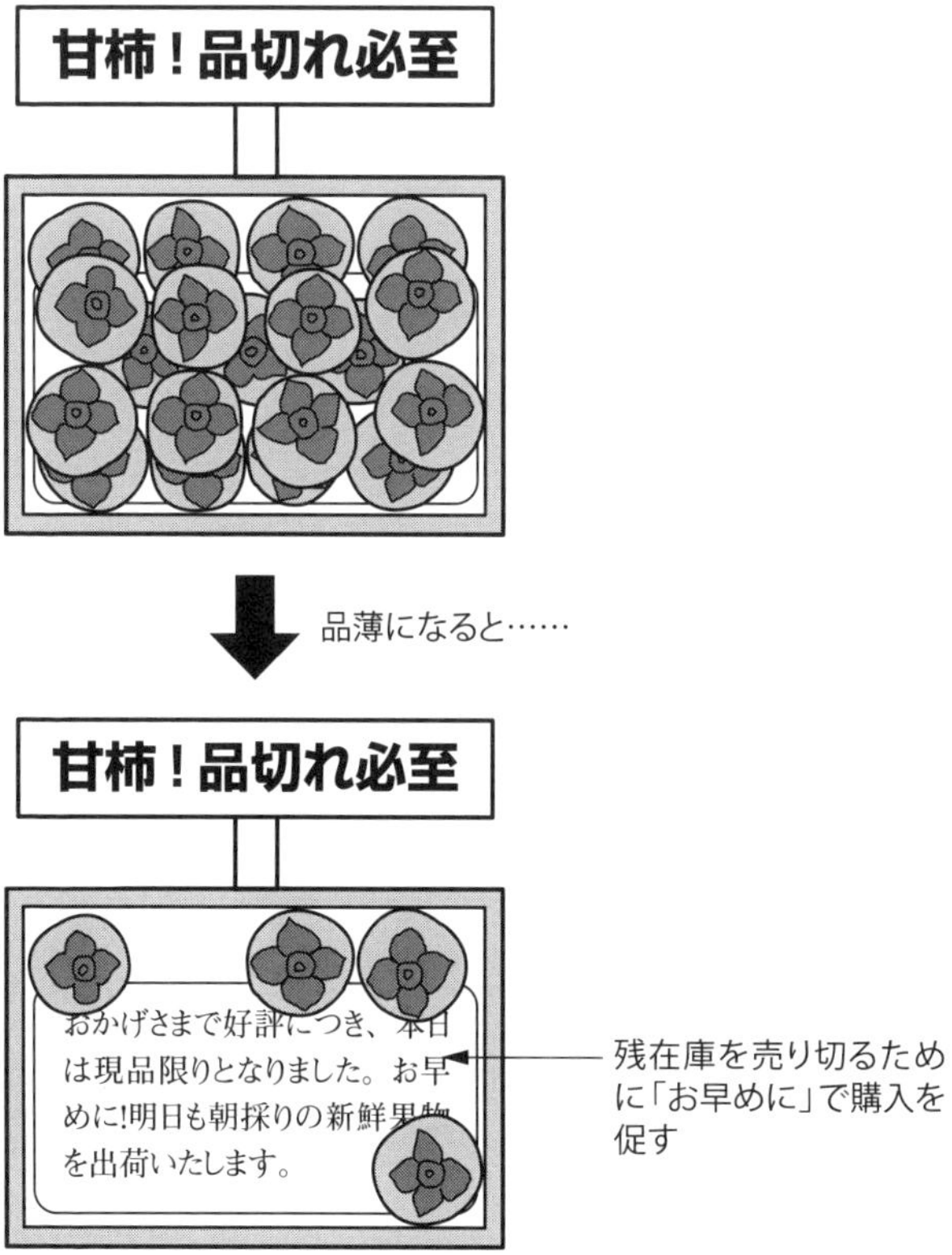
甘柿！品切れ必至
品薄になると……
甘柿！品切れ必至
おかげさまで好評につき、本日は現品限りとなりました。お早めに!明日も朝採りの新鮮果物を出荷いたします。
残在庫を売り切るために「お早めに」で購入を促す

商品を補充するのが原則だが、しない場合は品薄になるとコンテナの底に貼りつけたＰＯＰ（ラミネート加工したもの）が見えてくる

# 9 ライブ情報POPで集客力を高める

ライブ感のある店は集客力が強い。「あの店には何かがありそう！」というお客様の期待感が強いからだ。ではどう演出すればいいのだろう。ライブ情報を積極的に発信することである。具体的なライブ情報は左ページに例を示した。どんな店にも共通してあるのが売れ筋ランキング情報だ。この告知を徹底強化するだけでも効果的である。「こんな商品が売れているのね」といった具合にお客様とのコミュニケーションも図れる。

ランキング情報はベスト5に絞ったほうがお客様にはわかりやすい。ベスト10では多すぎてわかりにくい。

また、カテゴリー別のランキングにすることが一番のポイントである。なぜなら、お客様は特定のカテゴリーの商品を買いにくるわけだから、店全体のランキングでは参考にならないのだ。例えば、書店でビジネス書を買いにきたお客様にとって、関心があるのは店全体の売れ筋ではなく、ビジネス書の売れ筋本が知りたいのである。各売場にカテゴリー別のランキングをＰＯＰで掲示すればよりライブ感のある売場ができる。

## ライブ情報POPで集客力を高める

▶業種別ライブ情報の例

| 代表的な業種 | ライブ情報 |
|---|---|
| 全業種 | 売れ筋ランキング情報 |
| 全業種 | 新商品入荷情報 |
| メンテナンスの伴う業種 | お引渡し時間／日時 |
| パン店 | 焼き上がり時間 |
| ドラッグストア | 薬剤師情報 |
| 旅行店 | ツアー予約状況 |
| 中古店 | 引き取り価格情報 |
| サービス業 | 出来上がり時間 |
| 大型店舗 | 駐車場空き情報 |
| 予約制の店舗 | 予約状況 |
| 人気の飲食店 | 空席情報 |
| 行列のできるパン店 | 待ち時間情報 |

▶パンの焼き上がり時間を提示して集客を図る

**本日のパンの焼き上がり時間**

8：00　山型食パン
8：30　菓子パン・サンドウィッチ各種
9：00　オリジナル食パン
9：30　ベーグル各種
10：00　メロンパン
10：30　フランスパン・クロワッサン
11：00　白パン・調理パン

# 10 「ここまでやってますＰＯＰ」で信頼を売る

ものづくりでも、売場づくりでも、他店ではやっていないこだわりを持つ専門店も多いと思う。特に付帯サービスの伴う商品は、「ここまでやっています」というこだわりをＰＯＰ広告でお客様に伝えるべきだ。修理やメンテナンスサービスでも、お客様は簡単に考えていることがある。だから、大事な物のメンテナンスでも安さが基準になってしまう。

しかし、「ここまでやっています」を理解してもらうことができれば「それなら安心！」ということになり、安さが基準ではなくなり、信頼感も高まることになる。

ＰＯＰは商品広告が主体であることはいうまでもないが、こうした「ここまでやってますＰＯＰ」のような「ご案内ＰＯＰ」もこれからは重要になる。

ＰＯＰ広告の役割も時代の変化とともに変わってきている。安さの訴求でも、なぜ安いのか理由を正直に書いたほうが、かえってお客様の信頼が高まり売上が伸びているのもその傾向のひとつだ。いずれにしてもＰＯＰ広告がインストア・プロモーションの強力な武器であることに変わりはない。

## 「ここまでやってますPOP」で安心安全を売る①

▶オイル交換の「ここまでやってますPOP」の例（カー用品）

**オイル交換** こうしています

お客様にも作業をご覧いただいております

**Check1** **オイルレベルゲージの点検**
オイルの量をチェックします

▼

**Check2** **オイルパンの点検**
オイル漏れや破損などをチェックします

▼

**Check3** **ドレンボルトの点検**
オイルの汚れ具合などがご覧いただけます

▼

**Check4** **パッキンの新品交換**
パッキンの再使用はオイル漏れの原因になるので
新品と交換しています

▼

**Check5** **トルクレンチで締めつけ**
ボルトの締めすぎによる不具合をなくします

▼

**Check6** **お客様との作業確認**
ご納得のいくまで確認いたします

▼

**お引渡し**

## 「ここまでやってますPOP」で安心安全を売る②

▶電池交換の「ここまでやってますPOPの例」（時計店）

# 電池交換承ります

電池交換時には注意することがたくさんあります。細心の注意をはらっているかどうかで大きな違いが生じます。あなたの大事な時計を技術のたしかな当店におまかせください。

- **開けた時、さび・ほこりを中に入れない**
- **電池や機械に指紋をつけない**
- **新しく品質の高い電池を使用する**
- **パッキングその他もチェックする**

# Part 6

# 儲かる店の「セール演出」のすごい見せ方

## 1 お試しプロモーションで死に筋商品が甦る

インストア・プロモーションの中でも、商品を試してもらうプロモーションは最も効果的で強力といっても過言ではない。試食、試飲、試着、試聴、試用、試乗など枚挙にいとまがない。死に筋商品と思われていた商品でも試用の仕掛けをつくることによって劇的に甦ることもある。

商品を試してもらう際、ただそれだけで終わらせることなく、売上に結びつけることはもちろん、これをきっかけとして顧客として取り込む仕組みも必要である。左ページはその例である。CDショップを例として視聴の方法を明記したが、すべての業種に共通する仕組みである。試聴を積極的にすすめ、試聴してもらったお客様にはその曲の感想を応募用紙（個人情報の活用法を明示）に書いてもらう。ここから見込み客名簿が作成できる。応募者にはその場でスピードくじで景品をプレゼント。さらに後日、感想文コンクールで優秀作品には景品プレゼント。収集したお客様の声は、品揃え、POP、接客等に活かす。といった具合にフル活用できるのである。このような仕組みをつくることが肝要だ。

## 視聴のインストア・プロモーション

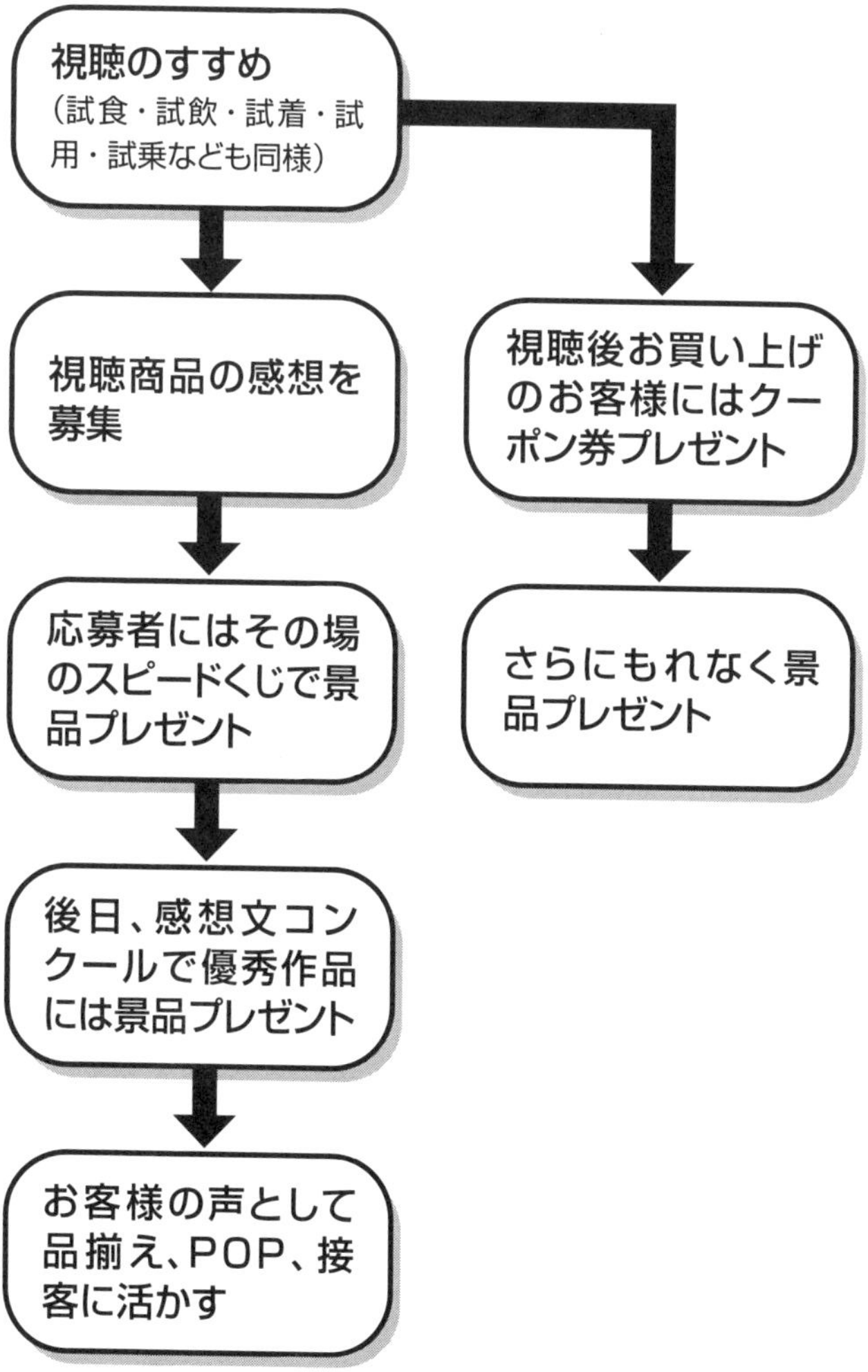
視聴のすすめ
（試食・試飲・試着・試用・試乗なども同様）
視聴商品の感想を募集
応募者にはその場のスピードくじで景品プレゼント
後日、感想文コンクールで優秀作品には景品プレゼント
お客様の声として品揃え、POP、接客に活かす
視聴後お買い上げのお客様にはクーポン券プレゼント
さらにもれなく景品プレゼント

### ❖体感スペースで高品質商品を拡販する

家具とホームファッションを展開する店ではベッドが主力商品のひとつになっているが、機能的なベッドを安売りもせずに拡販している店がある。その要因は、体感スペースにある。

ベッドの品揃えも多様化して低反発のマットレスを使ったもの、ウォーターベッド、介護用ベッドなどバリエーションも豊富だが、商品の特長がなかなかお客様に伝わっていない。そこで、「体感してもらうのが一番」として体感スペースを設けたのである。ベッドの体感とは、実際にお客様にベッドに寝てもらうことになるのでちょっと恥ずかしいというお客様も多い。したがって体感スペースは目立つメインスペースではなく、売場の奥のコーナーに設けた。もちろん、コーナーそのものはのぼり旗やＰＯＰ広告で目立つようにはしたが、体感スペースに入るとゆっくり気兼ねなく体感できるよう工夫している。照明もベッドルームの雰囲気が出るように照度を落としている。体感スペースは関心を示すお客様を待つだけでなく、イベントや折り込みチラシ、ダイレクトメールなどとも連動して積極的な販促を仕掛けることが不可欠である。

左ページの下図は化粧品の例である。試しやすいように透明ボトルに入れ替えたり、手が汚れた場合のウェットティッシュを用意している。お試しポイントをアピールするために「香りをお試しください」のＰＯＰも掲示している。

## 体感スペースを設けて試してもらう

**▶ベッドの体感スペース**

ゆっくり体感ができるよう売場の奥に設けた。コーナーそのものはのぼり旗やＰＯＰ広告で目立つようにしたが、体感スペースはゆっくり気兼ねなく体感できるよう、照明なども工夫している

**▶化粧品の体感スペース**

試しやすいように透明ボトルに入れ替えたり、手が汚れた場合のウェットティッシュを用意している。お試しポイントをアピールするために「香りをお試しください」のＰＯＰも掲示している

## 2 セールを盛り上げる色彩演出の基本

セールを盛り上げるテクニックのひとつに色彩演出がある。色の持つ性格を上手に使えばお客様の財布の紐をゆるめることもでき、エキサイティングなセール演出ができる。ツール別に具体的に見ていこう。

**【ボーダー】**特売コーナーを囲う天井から吊り下げた装飾物。思い切った色使いで遠くからでも目立つようにする。特売コーナーであることをアピールするには必須のツール。赤、黄、紅白の垂れ幕、ＳＡＬＥなどの文字が書かれた垂れ幕。

**【タペストリー】**天井から吊り下げた縦長の垂れ幕。タペストリーでカラフルに演出すると楽しいセール演出が実現する。

**【のぼり旗】**セールを盛り上げるには必須のツール。

**【POP広告】**一番強調したいことを赤にする。例えば「安さの価格」「レジにてさらに」「本日限定」など。地色が黄色のＰＯＰは一般のものとは差別化して、予告やご案内などに使うと効果的。高品質商品のセールは、青を使うと商品イメージを保ったセールができる。

## セールを盛り上げる色彩演出

**▶セールで使われる代表的な色と特徴**

| | |
|---|---|
| 赤 | 活発、明るい、元気、積極的なイメージ。他の色より強く記憶される性格を持っている。<br>**【セール応用】**<br>レジカウンターの場所を案内するサインに有効。<br>赤は衝動買いを誘う効果がある。<br>セール時のハッピ、ユニフォームなどにも活用すると、売場に活気が出てくる。 |
| オレンジ | にぎやか、暖かい、親しみやすい、健康的、明るい、元気なイメージ。<br>ボリューム感があり、安く、手軽で、楽しいイメージが伝わる色。<br>**【セール応用】**<br>少量ならば目立つのでよいが、濃い色を広い面積で使うとうるさい印象になる。アクセントカラーとして使用する程度がよい。<br>イベントを行なう際の演出カラーなどとしては効果的だが、高級品や上品さをアピールする商品のセールには不向きな色。 |
| 黄 | 明るい、若々しい、希望に満ちている、かわいらしい、楽しい、快活で活発でウィットに富んだイメージを伝えやすい色。<br>**【セール応用】**<br>カジュアルな色なので、若者を対象とした商品などには適した色。<br>注意を促す効果がある色なので、話題の商品や、推奨商品、新商品などのコーナーで使うと効果的。 |
| 青 | スポーティ、さわやか、清潔、シンプルなイメージが伝わる色。<br>涼しいと感じ、さわやかな気分で、スポーツがしたくなるような色。<br>**【セール応用】**<br>店の面積が狭く、売場の奥行きや広がりを感じさせたいところに使うと効果的。<br>クールでクリーンな商品のセールには最適の色。冷静に商品の比較購入ができるメリットがお客様に生じる。また、お客様の店内滞留時間が長くなり、客単価が上がる効果も期待できる。 |

## 3 絶対売れる店舗改装のための「閉店セール」の演出法

閉店セールは通常の売り出しとは違って〝改装を前にした店内全商品の在庫処分〟というセールに対する説得力があり、そのインパクトは極めて強い。

特に、普段から信用を第一にして堅実な販売姿勢を維持してきた店ほど、そのアピール力は大きい。しかし、実施方法や準備が悪いと10年に1度ともいえる販売機会を逃すことにもなる。万全の体制で臨みたいものだ。

在庫一掃閉店セールは、第一に「これまでご愛顧をいただいたお客様への感謝を込めたセール」であることを、基本的なスタンスとすべきである。そして手持ち在庫を一掃する、絶好のチャンスととらえることが必要だ。

実施時期は、セール期間を重視して先に決め、これに合わせて工事期間と開店日を決めるようにするとよい。閉店セール最優先ということである。

閉店セールは売れる時期に徹底して売ることがコツだ。需要の多い実売期にぶつけるほうがいい。売れない閑散月に閉店セールを実施するという考え方もあるが、基本的には売れない時期は売れないものだ。

閉店セールの期間は、商圏規模や売上目標によって決まるが、週末の金曜日ごろからスタートし、土日を数回からめた数週間程度が一般的に多い。期間が長すぎると〝なかだるみ〟が出てくるものだ。また小商圏では、長期間行なっても集客力に限界がある。逆に、短かすぎると、目的のひとつである不良在庫の処分が果たせなくなる。

もともと商圏人口は多いにもかかわらず、近隣の大都市などに顧客が流出している店の場合は、閉店セールの時に集客力が回復し、予想もしない売上を達成することもある。

閉店セールの売上目標は画一的にはいえないが、目安としてはセールを行なう期間の前年同期売上対比で、2倍〜3倍程度を目標としたい。

中小商圏では閉店セールで売りすぎると、新装開店後の売上が苦しくなるといった危惧もあるが、あまりこうしたことを気にせず、徹底的に売ったほうが得策である。

また閉店セールでは、通常来店する客層とは違ったお客様が来店するものだ。価格を重視する、いわゆるバーゲンハンター的なお客様が増える。それに伴って、普段ならこんな商品が売れるのかと思うようなものも売れてしまうことが多い。

いい方を変えると、閉店セールを機会に、まだ1度も来店したことがない顧客に来店をうながすのも、閉店セールの目的のひとつということである。つまりこれを機会に、新規顧客の開拓も図れることになるというわけだ。

さらに、普段は価格が高くてちょっと手が出ないという顧客に対しては、閉店セールを機会に高額品を買ってもらい、本物のよさを知ってもらうことも閉店セールのメリットである。

### ❖お得意様には「特別内覧会」を実施する

お得意様に対しては、一般の閉店セールに先駆けて「特別内覧会」を開催することが効果的である。期間は1日~3日間程度が一般的だ。告知はダイレクトメール（DM）で行なう。

DMに入れるのは「閉店セールの挨拶状」の他、「無料駐車券」、「記念品引換券」などの「チラシ」である。一般のセールに先駆けてよい商品を先取りしてくださいというスタンスで行なうのが、お得意様だけをご招待する「特別内覧会」である。

### ❖チラシよりも集客効果がある「店頭目隠しベニヤ囲い」

閉店セールの演出は、「店頭目隠しベニヤ囲い」が極めて効果的である。店頭の間口いっぱいに「閉店セール」などと書かれた看板を設置するものである。

折り込みチラシよりも効果的な場合もある。折り込みチラシは不特定多数の人に配付されるが、店頭目隠しベニヤ囲いは現在店頭を通行しているお客様にアピールするものだから、注目率が高くなるのは当然である。

折り込みチラシの効果は一般的には数日だが、「店頭目隠しベニヤ囲い」は毎日設置されているので効果も長期間に及ぶ。

### ❖邪魔なショーウインドウなどは撤去して閉店セールの雰囲気を盛り上げる

閉店セールはかなりの集客が期待できる。店内が予想以上に混雑することもある。だから、どうせ店舗改装時に撤去してしまうショーウインドウなどは、工事に先駆けて閉店セールのために前もって撤去してしまうのもいい。

そうすることで、閉店セールに適した売場レイアウトにすることもできる。また、店舗改装のための閉店セールという雰囲気が出てエキサイティングな演出にもなるし、入口が広がり、入りやすくもなる。

### ❖再利用できる備品なども販売する

店舗改装によって廃棄してしまう店舗設備の器具や備品なども値札をつけて販売するといい。たとえば、ディスプレイ小物とか、照明器具とか、陳列棚などだ。リサイクルの時代だから、思わぬ人がほしいと買っていくことが最近は増えている。

### ❖あと何日限りの演出

閉店セールを長期間実施する場合は、どうしても〝なかだるみ〟の時期が出てきたり、最終日近くになると集客数が減少してしまうことがある。セール演出でもこれに対する対策が必要だ。店頭や売場内に「いよいよあと何日限り」というＰＯＰ広告を掲示すると、お客様は「急がなくては」という心理が働き、効果的である。

また、最終日が近づくにつれて、いわゆる「だんだん割引価格」として、割引率を高くしていくのもひとつの売り方である。

いずれにしても、店舗改装のための閉店セールは、文字通り店舗改装の時しかできないセールだから、そうたびたびできるわけではない。だから、この機を逃さず積極的に拡販を図るべきである。

閉店セールのスタンスとして、現店舗でのお客様のご愛顧に対する感謝の気持ちを込めて行なえば、成功することは間違いないだろう。

## 売り逃さない店舗改装のための「閉店セール」の演出法

▶チラシよりも集客効果がある「店頭目隠しベニヤ囲い」

▶閉店セールの演出ポイント

- 店頭目隠しベニヤ囲いは集客抜群！
- ショーウィンドウなどは、前もって撤去してしまい雰囲気を盛り上げる
- 再利用できる備品はリサイクル商品として販売してしまう
- 閉店セールのＰＯＰ広告やチラシを店内に派手に掲示する
- 「あと何日限り」の演出で集客する

## 4 フレッシュ感と期待感で集客する「オープニングセール」の演出法

オープニングセールは、新しく生まれ変わった新店舗のイメージをアピールし、新しい客層を開拓するための絶好のチャンスでもあるので、閉店セール同様万全の準備で臨もう。

オープニングセールは閉店セールとは違い、あくまでも生まれ変わった新店舗のフレッシュ感のアピールが目的で、基本的に専門店は度を越した安売りのアピールはしないほうがいい。

### ❖売れるチラシの工夫

閉店セールのチラシには費用をかける必要はないが、オープニングセールのチラシはイメージアップも大事なので、カラー印刷で費用をかけるようにするとよい。

従来からのお客様に対しては「とにかく一度、新店舗をご覧ください」、また新規のお客様には「これを機会にご来店を」といった基本的なスタンスが大事だ。

告知方法としては、主に折り込みチラシとＤＭになる。

祈り込みチラシの内容のチェックポイントは商品以外の部分は次のような点である。

①社長（または店長）の開店挨拶文。できれば社長の顔写真、あるいはスタッフ全員の顔写真を載せると親しみが出る。似顔絵にしても面白い。

②新店舗のパース（完成予想図を描いた図）を、あまり大きめではなくカットとして入れる。売場面積が大きい場合や、売場が複数階ある場合は、売場のレイアウト図をイラスト化して入れる。

③地図は大きめに入れる。オープニングセールは新規顧客の開拓を図ることも大きな目的なので、今まで来店してもらったことのないお客様でも来店しやすいように、通常のチラシよりも地図は大きめにする。

④顧客も参加できるイベント性を持たせる。オープニングセールといっても単に商品広告だけのチラシでは、顧客の来店動機は弱くなる。楽しいイベントやお楽しみを付加することが不可欠である。

例えば、集客商品（目玉商品）はもちろんのこと、先着何名様限定お祝い品、開店記念限定お買い得品、袋詰め放題セール、キャッシュバックサービスなどのインストア・プロモーションを駆使してお客様を楽しませ、目標売上を達成する。

## ❖開店記念品や景品にも一工夫

開店記念品や景品も、ありきたりのものではお客様は喜ばない。一工夫が必要である。

例えば、クッキープレゼント。商店街の洋菓子店に相談して、おしゃれなラッピングのクッキーセットをつくってもらう。おいしいと評判の店の商品であれば、喜ばれること請け合いである。まとまった数の注文だったら洋菓子店も割安な価格で納品してくれる場合もある。

さらに切り花プレゼントも印象がよい。これも商店街の花屋さんに相談して一輪の切り花をラッピングしてもらう。１５０円から２００円程度でできる。「先着何名様」としたら店頭に行列ができることもある。

## ❖是非行ないたい開店前ローラー訪問作戦

固定客に対してはＤＭを送付することになるが、これには折り込みチラシを同封し、さらに手書きの社長（または店長）の開店挨拶状の他、開店記念品引換券などを同封する。

オープニングセールで、是非実施したいのが、開店前ローラー訪問作戦だ。個別に家庭訪問をして開店の案内と挨拶をする。日頃の感謝を伝える。ポイントは、開店記念品引換券など来店特典を多く持参することだ。ただチラシを持って訪問するだけでは、折り込みチラシと重複するだけで効果は半減する。

## オープニングセールのチラシ例

**▶表面の例**

**店長のあいさつ文**

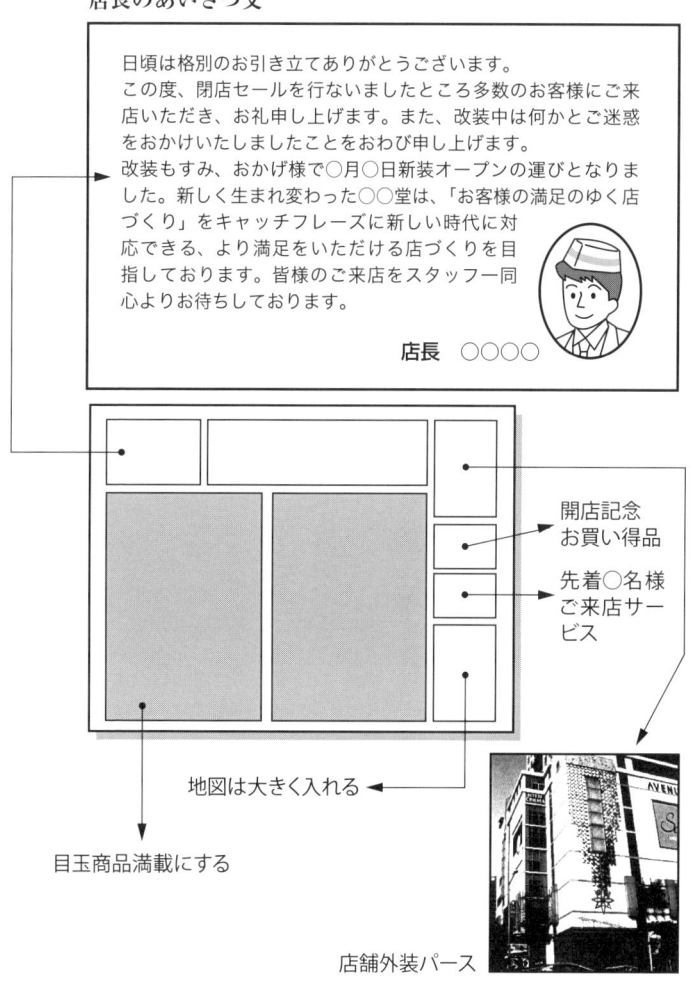

日頃は格別のお引き立てありがとうございます。
この度、閉店セールを行ないましたところ多数のお客様にご来店いただき、お礼申し上げます。また、改装中は何かとご迷惑をおかけいたしましたことをおわび申し上げます。
改装もすみ、おかげ様で○月○日新装オープンの運びとなりました。新しく生まれ変わった○○堂は、「お客様の満足のゆく店づくり」をキャッチフレーズに新しい時代に対応できる、より満足をいただける店づくりを目指しております。皆様のご来店をスタッフ一同心よりお待ちしております。

**店長　○○○○**

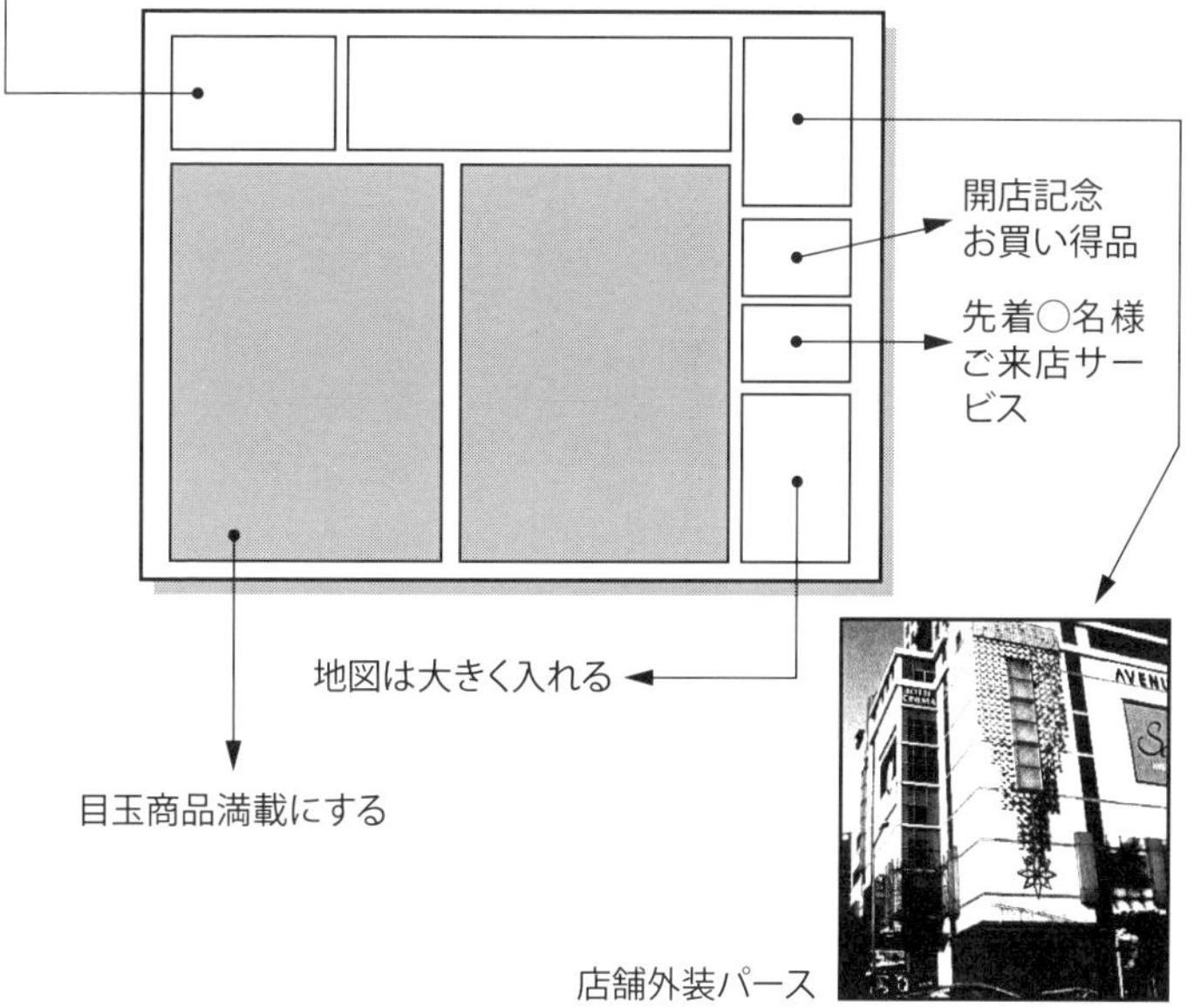

# 5 来店客をワクワクさせるメイン通路の演出はこうする

セールを実施しても、それらしい雰囲気がなければ期待して来店したお客様は、ノリが半減するため、ワクワクするような雰囲気を演出しなければならない。演出箇所として大事なところはメイン通路である。メイン通路がない店は、エントランススペース（店舗入口）が効果的だ。左ページのイラストは、メイン通路での演出例である。そのポイントは、

①メインエンドとサブエンドの「ダブルエンド」をつくっているのが最大の特徴。メインエンドのディスプレイで魅せて、サブエンドにその商品の在庫を豊富に陳列している。

②メインエンドにはスタンドPOPを等間隔で整然と並べている。繰り返し効果でリズム感がある。高さも向きもきれいに揃える。乱れたらすぐ直す。

③サブエンドには、統一のトップボードPOPを掲示している。

④メイン通路天井にはよく目立つタペストリーPOPを掲示している。

⑤メイン通路には床貼りPOPを掲示している。

お客様がワクワクしてくること請け合いのメイン通路の演出である。

## メイン通路の演出ポイント

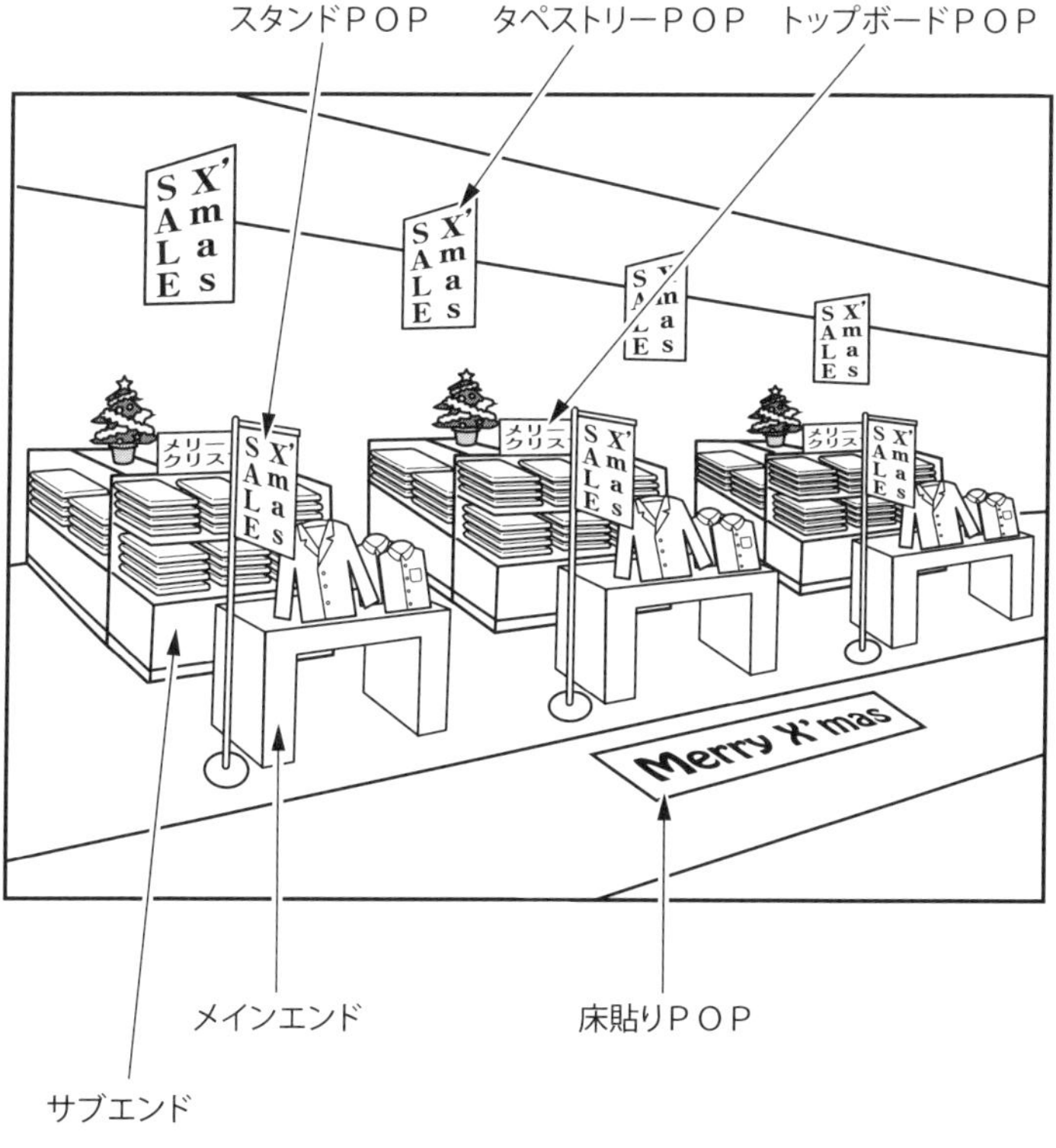

## 6 究極ののぼり旗活用法

郊外ロードサイドでは、のぼり旗によるセール演出が効果的だ。しかし、その活用法が間違っているために効果が半減している。何が間違っているのかというと、掲示方法である。数種類ののぼり旗を、意図的ではなく空いたスペースなどに漫然と掲示しているのである。これでは効果はない。次の3点が掲示原則だ。

①まず大事なのは、掲示するのぼり旗を一種類にすることである。いろいろなのぼり旗が掲示されているのでは、運転中のドライバーには何の宣伝かわからない。

②バラバラに掲示するのではなく、前面道路に集中して掲示する。

③のぼり旗の高さと、掲示間隔を揃える。

左ページの例は、3つの掲示原則通りに掲示したものだが、さらに建物のパラペット（屋上の壁）にも掲示すると迫力満点である。これだけすれば、折り込みチラシよりもPR効果は高い。このような店頭パフォーマンスをしなければ、入店客数にも限界がある。しかし、行なうことで入店客数は必ず増えるだろう。中途半端に行なわないことがポイントだ。

## 効果を最大に出す旗活用法!

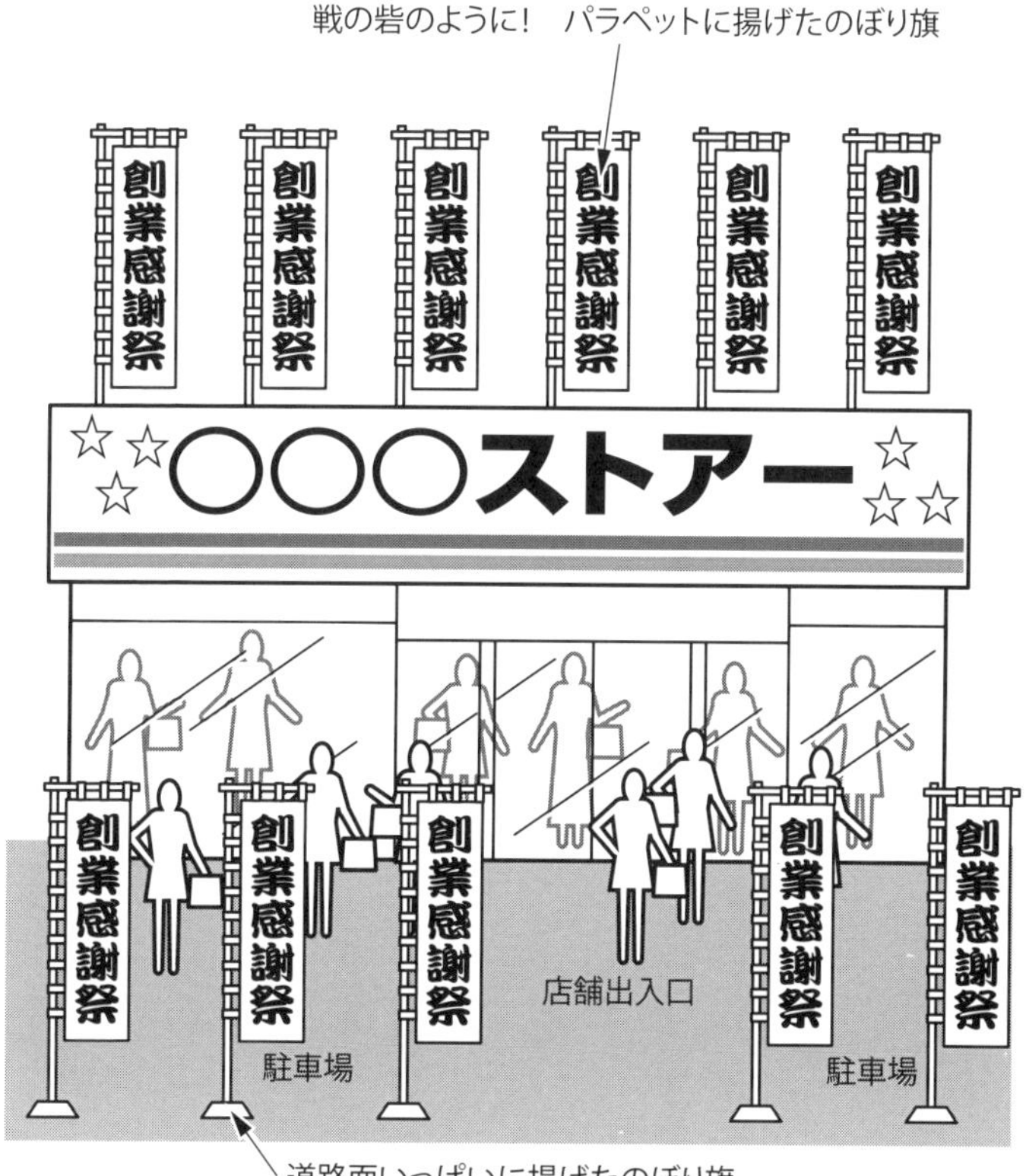
道路面いっぱいに揚げたのぼり旗


**のぼり旗の掲示原則**

①種類は一種類に絞り込む

②前面道路など目立つ位置に集中して掲示する

③掲示の高さと間隔を揃える

## 7 儲かるお店の店頭イベント

店舗入口周辺のフロントスペースや、駐車場の臨時イベントスペース、仮設テントなどで行なうのが店頭イベントだ。店頭ににぎわいを演出し、入店客を増やすために不可欠である。簡単な風船プレゼントから、それなりの準備が必要な餅つき大会などまで、業種によっていろいろなイベントが考えられる。

リピーターのマンネリ感をなくすためにも、年に数回は店頭イベントが必要である。クチコミも広まり客数も増える。

農産物直売所では、次のような店頭イベントを常に仕掛けてお客様を楽しませてもいる。新米試食会、郷土料理教室、漬け物教室、手づくり饅頭やケーキ教室、餅つき体験大会、栗拾い体験、果物狩り体験、田植え・稲刈り体験、いも掘り体験、そば打ち体験教室、手づくり工芸品教室などができる。

このような体験型のイベントが主流になっている。地域とのコミュニケーション、連携を深めたイベントがこれからは重要になるだろう。

## 店頭イベントのアイデア

▶農作物直売所の例

- 先着で風船をプレゼント
- つきたての餅をサービス価格で販売
- 先着で温かい甘酒をプレゼント
- 新米を使ったおむすびをふるまい、新米発売
- 地元の人気おばあちゃんの漬物教室
- 園芸なんでも相談

# 8　ＢＧＭで売上が変わることを知っていますか？

ＢＧＭの販促効果は軽視できない。ＢＧＭの選曲のポイントは次の通り。

①売りたい商品のイメージに合った選曲をする。アメリカンカジュアルの店であればアメリカンポップスという具合。

②季節感を演出する選曲をする。

③時間帯ごとに選曲を変えるのも効果的。例えば、朝はさわやかな曲、昼はアップテンポな曲、夜間は落ち着いた曲、という具合。

④薄利多売の商品はテンポのよい曲、じっくり商品を選んでもらう商品はテンポの遅い落ち着いた曲にする。

ＢＧＭの選曲がよいと、お客様とスタッフの心理的距離感が縮まり、コミュニケーションがよくなるのが大きなメリットだ。セールの際のＢＧＭはアップテンポな曲が効果的である。アップテンポな曲の販促効果を検証したデータが左ページである。回転すし店での実験だが、テンポの速い曲にすると売上が増えているのがわかる。

## BGMで売上を上げる

▶回転すし店でのBGM販促効果調査

実験時間帯18時～21時　実験期間2日間

| | | |
|---|---|---|
| テンポの遅い曲をかけた際のデータ | 客数 | 256 人 |
| | 皿枚数 | 1,861 枚 |
| | 売上 | 350,014 円 |
| テンポの速い曲をかけた際のデータ | 客数 | **286 人** |
| | 皿枚数 | **1,974 枚** |
| | 売上 | **362,130 円** |

▼

客数　**30人 増加**
売上　**12,116円 アップ!**

### ❖BGM設備を活用したプロモーション

BGM設備を使ったプロモーションもいろいろ考えられる。

・CD店では重点商品を拡販するため、「ただいまBGMで放送中！」のPOPを重点商品に掲示する

・「ただいま1階の○○売場前にて卵を特売中です」などと、タイムサービス実施中であることを店内放送する。

・「本日のおすすめメニュー」など、料理実演をしている食品スーパーであれば、その模様をライブ中継する。黙って黙々と料理をつくるのではなく、調理人が楽しく料理の仕方を話す。

・「明日10時青森からもぎたてリンゴ満載のトラックが到着。新鮮、完熟のおいしいリンゴを提供いたします。明日もご来店をお待ちしています」などと来店動機をつくる。

・店頭デモテープをつくり、セールの際などに繰り返し放送する。例えば、「いらっしゃいませ、いらっしゃいませ、当店ではただいま○○の人気商品を多数揃えてお待ちしております。1階○○売場にて試食販売しております。この機会にお早めにご覧くださいませ」といったものである。

# Part 7

# セール売上を倍増させる「VMD」の売場展開法

# 1 ＶＭＤ（ビジュアル・マーチャンダイジング）の運営と手順

マーチャンダイジングの本質は、的確な販売予測に基づいた販売予定数量を完全消化することである。そのために必要な力が売り切る力である。

売りたい商品を確実に売れ筋商品に仕立て上げるためには、提案販売が不可欠になる。商品の使い方や楽しみ方などを提案し、お客様を納得させて潜在需要を顕在化させる売り方である。

成熟化社会では不可欠な売り方だ。この提案販売の代表的な技術がＶＭＤ（ビジュアル・マーチャンダイジング）である。ＶＭＤは〝飾る〟技術などではなく、インストア・プロモーションとして最も効果的な〝売る〟技術なのである。

ＶＭＤというとアパレルが行なうものというイメージがあるが、けしてそんなことはない。全業種的に効果的なインストア・プロモーション技術なのだ。

## ❖ＶＭＤの２つのやり方

①統一ＶＭＤ

・全売場統一で一斉展開するＶＭＤである

・多くの商品が参加できる大きなテーマにする（例えば母の日ギフト）

・テーマはお客様の生活に密着した生活感のあるテーマにする（例えば健康生活応援）

打ち出しコーナーは次の２つがある。

■メイン打ち出しコーナー（参加商品の代表的商品を一堂に集めて魅せるコーナーで、エントランススペースなどで展開）

■サブ打ち出しコーナー（参加した各売場のメイン通路に面した打ち出しコーナーでそれぞれに展開する）

②個別ＶＭＤ

・各商品部（チェーン店などの場合）が独自で展開するＶＭＤ

・全商品で展開するには、テーマが小さすぎたり、特殊なテーマである場合は個別ＶＭＤで展開する

・対象商品は、各売場の重点拡販商品、話題性のある商品、旬の商品、新商品、キャンペーン商品、売れ筋商品などである

・打ち出しコーナーは、各売場のメイン通路に面した打ち出しコーナーでそれぞれに展開する

### ❖テーマをわかりやすく打ち出す

ＶＭＤをお客様に理解してもらうためには、テーマの設定と打ち出し方が重要になる。ポイントは次のようなことだ。

・提案はワンテーマでわかりやすいこと
・生活感のあるテーマであること
・テーマを訴えるキャッチコピーが明文化されていること
・トップボード（棚の最上段のＰＯＰ）にキャッチコピーが掲示されていること
・他の商品を混在させず、カテゴリーを明確にすること
・クロスＭＤ（関連商品の品揃え）を展開する時は、ＰＯＰでアピールポイントを明示すること
・テーマが一目見て理解できるビジュアルな陳列であること
・売場の最も目立つ場所で展開すること

左ページは、ＶＭＤを展開するための運営と手順を示したものである。チェーン店の例だが、中小専門店の場合は組織だったやり方ではなく、自由な発想と手順で楽しみながら行なうことだ。そうすれば、きっとお客様も楽しんでくれる。

## VMDの運営と手順（チェーン店の場合）

**STEP1　年間ＶＭＤプランの作成（52 週）**

①担当各部署で協議のうえ作成

**STEP2　3ヶ月前　「販促企画会議」で原案決定**

①年間プランの概要を基に、重点商品・展開時期・折り込みチラシとの連動等の原案を設定する

②ＰＯＰに記載する統一キャッチコピーを決定する

**STEP3　2ヶ月前　各担当部署で諸準備を始める**

①原案に基づいて、各担当者が詳細なＭＤプラン、商品調達等の準備を進める

②販促担当部署は、ＰＯＰ等の販促ツールの準備を進める

**STEP4　1ヶ月前　店舗運営会議で全店に説明する**

①企画の主旨、狙い、具体的な展開方法を「棚割り図」等に示し、店舗運営会議（全店長出席の全体会議）で説明をする

**STEP5　モデル店でモデル売場をつくる**

①「メイン打ち出しコーナー」はＶＭＤ担当部署がつくる

②各売場にある「サブ打ち出しコーナー」は、それぞれの担当者がつくる

③実施した売場をデジカメで撮る

**STEP6　各店にモデル売場の事例を情報発信する**

①モデル店の売場の写真とＰＯＰの例を実施参考例として、各店にメール配信する

**STEP7　「ＶＭＤ活動時間」に各店で一斉実施する**

①閑散時間帯に設定した「ＶＭＤ活動時間」を各店でシフトに組み入れておき、この時間に一斉実施する

②各店ごとにＶＭＤリーダーをスタッフの中から毎回選抜任命する

③店長とＶＭＤリーダーが中心となり、本部から配信されたモデル店の参考例を参考にしながら実施する

④重点店舗はスーパーバイザー等、本部要員がサポートする

## 2 年間販促計画と連携したＶＭＤ計画を立てる

ＶＭＤは、販促計画の一貫なので、当然年間販促計画と連携し、これに組み込めば販促効果は倍増する。

左ページの宝飾・時計・メガネ店の例で説明してみよう。この専門店では、折り込みチラシやＤＭによるセールを年間3回実施している。経費削減もあり、需要期の3月、7月、12月に絞っている。これ以外の期間は、ＶＭＤで売上をつくっているのだ。

3月春のフレッシャーズセール、7月夏のボーナスセール、12月クリスマスセールは、それぞれＶＭＤと連携して拡販している。その他の月も切らさず、ＶＭＤによる提案販売で売上を伸ばし続けているのである。

お客様には、いつも何かを行なっている専門店というイメージが来店動機になるのだ。ＶＭＤはそのための格好の技術なのである。

最近は、折り込みチラシやＤＭをやめてしまった専門店がほとんどだが、だからこそＶＭＤを重要視すべきなのだ。

## 年間販促計画と連携したVMD計画を立てる

### ▶宝飾・時計・メガネ店の例

| | 社会行事 | 重点商品（商品政策） | 販促計画 | VMD計画 |
|---|---|---|---|---|
| 1月 | 正月元旦<br>御用はじめ<br>七草<br>新学期スタート<br>成人の日<br>大寒 | ●春夏商品の提案 | | ・本命にはメンズジュエリー！<br>・アイ・ラブ・バレンタイン |
| 2月 | 節分<br>立春<br>建国記念の日<br>バレンタインデー | ●バレンタインギフト、メンズジュエリー<br>●フォーマルパール製品の提案 | | ・入園・入学式パールフェア |
| 3月 | ひなまつり<br>ホワイトデー<br>卒業式<br>彼岸の入り<br>春分の日<br>春休みスタート | ●ホワイトデーのギフトジュエリー<br>●フレッシャーズトラッドウォッチ<br>●ブライダル | 折り込みチラシ・DM<br>フレッシャーズセール | ・レッツゴー！フレッシャーズ<br>・春の足音ロマンティック |
| 4月 | 入社式<br>入学式<br>新学期スタート<br>GWスタート<br>みどりの日 | ●カジュアルジュエリー強化<br>●学生用めがね | | ・心をこめて母の日ギフト |
| 5月 | メーデー<br>憲法記念日<br>子供の日<br>立夏<br>母の日 | ●メタルバンドウォッチ強化<br>●母の日ギフト<br>●色石リング・ネックレス | | |
| 6月 | 衣替え<br>海開き<br>時の記念日<br>父の日<br>夏至<br>ボーナス<br>お中元スタート | ●父の日ギフト商品、メンズウォッチ、高級ウォッチ<br>●リゾート・ピアス、イヤリング、ネックレス | サマージュエリー・コレクション<br>創業祭 | ・SUMMER COLLECTION |

# 3 効果倍増！　セールと連動したＶＭＤ

年間数十回も、毎週のように折り込みチラシを実施している企業がある。しかし、この折り込みチラシとＶＭＤを連動させた売場展開をしている店は少ない。チラシと売場づくりが連動しているのは、せいぜいチラシ掲載商品を知らせる「広告の品」のＰＯＰぐらいである。

「チラシで見た商品を売場で見る」、これがお客様の期待感を高揚させることになり、販促的にはプロモーション・ミックス効果が高まるのだ。折り込みチラシとＶＭＤを連動させれば効果は倍増するのだ。

次のページの例は、チラシとＶＭＤを連動させた売場展開をしている店だ。例えば、ある週に人気となっていたドクロ柄のＴシャツやグッズの特集を企画し、チラシに掲載した。同時に、紳士服売場や服飾雑貨売場などいくつかの売場でドクロ柄商品の打ち出しコーナーをつくり、ＶＭＤを展開したのだ。これに期待感を持って来店したお客様にはジャストミートの演出になり拡販に成功したのである。

## セールと折り込みチラシを連動させたVMD

▶総合ファッション衣料品店の例

メンズカジュアル売場

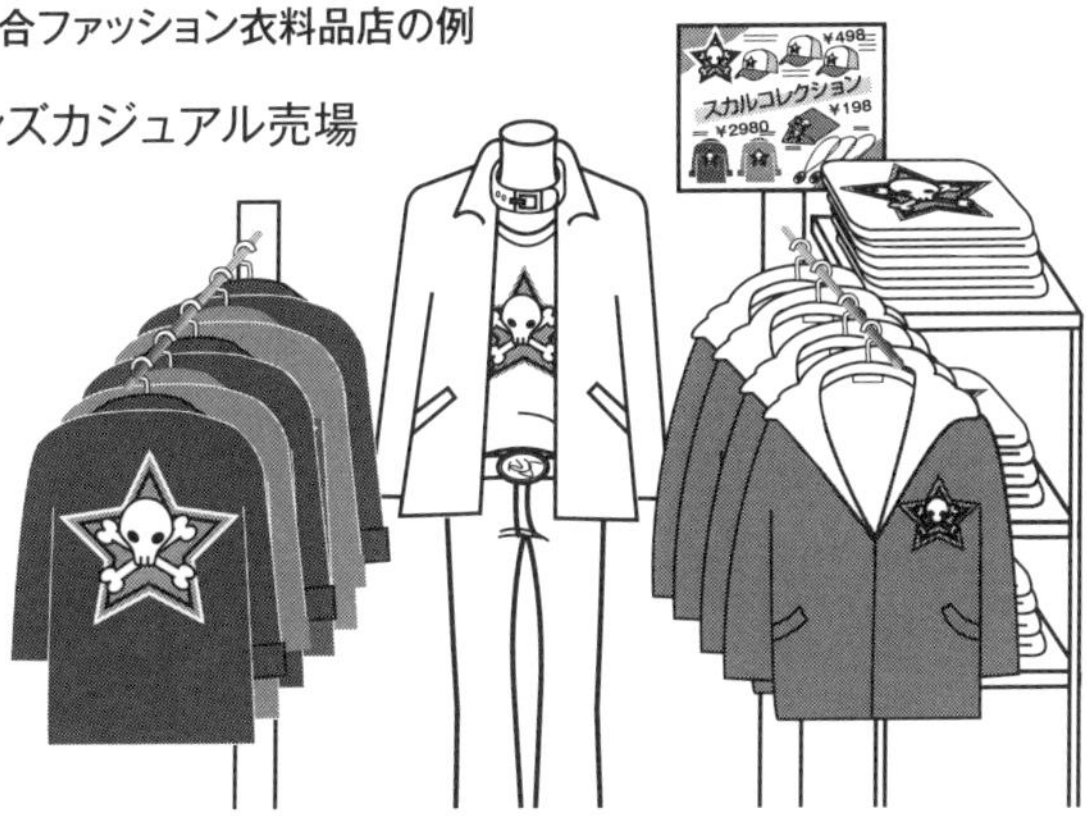


服飾雑貨売場

・各カテゴリーの売場にドクロ柄の商品を打ち出している
・打ち出し場所は各売場のメイン通路に面した目立つ位置
・「ドクロ柄特集」の共通ＰＯＰ広告を掲示している
・「ドクロ柄特集」を掲載した折り込みチラシも掲示している

## 4 VMDがスムーズに進む「週別ガイドライン」のメリット

１７３ページの「ＶＭＤの運営と手順」でも解説したが、ＶＭＤを円滑に進めるためには、事前の準備が重要である。

基本的には週単位でチェックをし、事前に準備を進めることだ。チェーン店の場合は、棚割りや口頭説明だけでなく、フォーマットを作成し説明することも必要になる。

左ページは、その一例である。週単位で今週は何をやればよいかがわかるようにする。ただし、今週になってからでは間に合わないこともあるので、該当週から逆算してタイムリーに準備を進めることが肝要だ。

専門店の場合でも、このようなフォーマットをつくって効率的に進めれば、少ない人手でもＶＭＤを展開できる。

ＶＭＤは量販店では基本的にセルフ販売だが、専門店では接客によって推奨販売ができるので、その効果は倍増以上といっても過言ではない。専門店でも積極的にＶＭＤを仕掛けよう。

## 「週別ガイドライン」がVMDの決め手

| 部門 | |
|---|---|

### 2010年度　10月度　販促・売場づくりガイドライン

| | 本年週番 | 38W | 39W | 40W | 41W | 42W |
|---|---|---|---|---|---|---|
| | 本年日付 | 9／18〜9／24 | 9／25〜10／1 | 10／2〜10／8 | 10／9〜10／15 | 10／16〜10／22 |
| 売場づくりのポイント | VMD | | | | | |
| | 陳列・POP | | | | | |
| | 棚割り | 別紙「棚割り指示書」参照 | | | | |
| 今週の主なチラシ掲載商品 | | | | | | |
| その他 | | | | | | |

【重要】売場づくり・販促は該当週から逆算して準備を怠りなく進めてください

# 5 量販店のVMD展開事例

量販店の売場では量感陳列がほとんどだが、だからこそ、その中でVMDを展開すると非常によく目立つのだ。

ポイントは、①MDをワンテーマのわかりやすいものにする、②メイン通路に面した目立つ場所で行なう、この2点である。

今は、量販店でも経費削減により折り込みチラシの回数を減らしている店が多い。しかし、折り込みチラシだけが販促ではない。もっと販促のバリエーションを増やせば売上は伸びる。VMDはそのバリエーションのひとつなのだ。

本書で取り上げているような、バラエティに富んだインストア・プロモーションを展開することで圧倒的に販促のバリエーションが広がる。

わかりやすいMDテーマを打ち出した「提案型販売」へのスキルアップが重要だ。売れ筋追求型から、売りたい商品を確実に売り筋商品に仕立て上げる技術、それがVMDでもあるのだ。

## VMD展開で提案型販売へ

ファッションが体も気分も元気にさせる！
秋のフィットネス & スポーティフェア

**【テーマと展開期間】**

秋のフィットネス＆スポーティフェア

展開期間　9／11～9／24

**【キャッチコピー】**

ファッションが体も気分も元気にさせる!

**【重点商品】**

・スパッツ　・スポーツブラ　・発汗素材のトレーニングウェア

・ジャージ　・ヨガマット　・フィットネスボール　・ダンベル

・縄跳び　・フラフープ　・チューブ　・パンチングバッグ

## 6 専門店のＶＭＤ展開事例

専門店のＶＭＤ展開を、年間最大の商盛期であるクリスマス商戦で宝飾店を例にして解説を進めたい。

宝飾店がクリスマスギフトのＶＭＤを展開するポイントは次のことである。

**①重点提案商品を明確に打ち出す**

クリスマスディスプレイを考える際にまず考えなければならないことは、今年のクリスマス商品として何を重点的に打ち出すか、重点商品を決めることである。

**②販売員全員が重点商品を理解する**

重点商品を決めたら、それを販売員全員に徹底させる。仕入先のデザイナーなどに売場に来てもらって商品説明会を行ない、全員が重点商品を完全に理解して、自信を持って推奨販売ができるようにしておく。

事例の宝飾店では、昨年のクリスマス商戦の商品分析をしてみたところ、クロス（十字架）をモチーフにしたジュエリーの動きが非常によかった。

そこで、今年のＶＭＤ展開はクロスモチーフのジュエリーを重点商品として打ち出すことにした。

ディスプレイは次のようにすることにした。

１８４ページを見てほしい。

演出小道具はミニクリスマスツリーを中心に置き、壁に取りつけたトレイには、ハート型のリースを貼り付け、打ち出しテーマを書いたＰＯＰ広告をピンで留めている。

打ち出しテーマは「愛を誓うラブジュエリー」。下に置かれたＰＯＰ広告には、「ご予算いろいろクロスのネックレス」というコピーで、他の量感陳列スペースに、価格帯別にクロスのネックレスをボリューム陳列されている。予算に合わせて商品を選びやすくしているのだ。また、クリスマス用のラッピングもサンプル陳列して、ラッピングの提案も行なっている。

専門店のＶＭＤは、クリスマスの装飾を施すことも大事だが、この事例のように重点商品を打ち出しクリスマス商品の提案をすることで、需要が喚起され売上が伸びるのである。

## 専門店のVMD展開

### ▶宝飾店の例

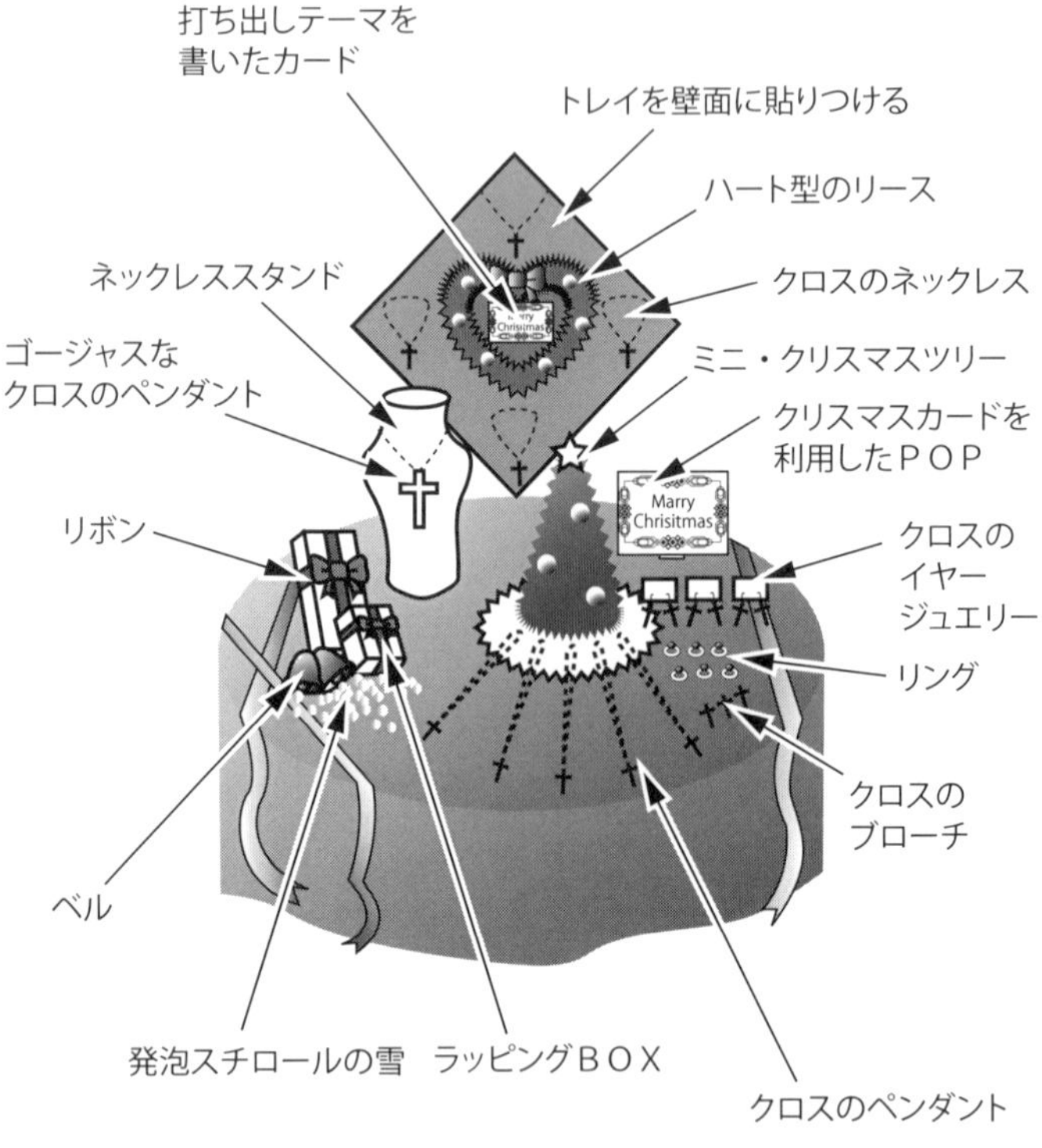
打ち出しテーマを
書いたカード
トレイを壁面に貼りつける
ハート型のリース
ネックレススタンド
クロスのネックレス
ゴージャスな
クロスのペンダント
ミニ・クリスマスツリー
クリスマスカードを
利用したＰＯＰ
Marry
Chrisitmas
リボン
クロスの
イヤー
ジュエリー
リング
クロスの
ブローチ
ベル
発泡スチロールの雪
ラッピングＢＯＸ
クロスのペンダント

Part 8

# メーカーと協調の「タイアップ・プロモーション」で拡販する

# 1 タイアップ・キャンペーン成功のための勘どころ

メーカーは、全社一丸となった販売キャンペーンを行なうことがある。キャンペーンは企画の内容も大事だが、成功するかどうかは、小売店を含めた組織による総力戦に持ち込むことができるか否かにかかってくる。企画の内容が一般的なものであっても大成功を収めることがあるし、前評判のよい企画でも失敗することがある。小売店の協力が得られるか否かによって、成否が決まることが多いのである。

キャンペーンは、イベントやセールとはその性格がまるで違うものと考えたほうがいい。イベントやセールは企画のアイデアによるところが大きいし、その成果も売上実績によって明確になる。しかし、キャンペーンは実施後の成果測定がしにくいし、成否の要因も複雑になるのが一般的である。キャンペーンは戦略的要素が濃い売り方ととらえることが必要である。

## ❖組織一丸のキャンペーン

メーカーがキャンペーンを行なうタイミングで、一番多いのが新製品を発売する時である。小売店にとっても新製品の発売は絶好の販促機会である。

キャンペーンは一部の担当部署が行なうものではない。トップから販売の最前線までキャンペーンの狙い、目的、実施要領、取引先販売店への説明方法など、共通認識を徹底しなければならない。販売チャネル全体を巻き込んだキャンペーンにするためには、小売店にメリットのあるキャンペーンにすることが不可欠になる。

### ❖勝負をかけた新店舗で全社一丸となる

小売店でも、全社員の士気を高める狙いでキャンペーンは有効である。メーカーが新製品を発売する時がキャンペーンを打つ動機になるのと同じ狙いで、新店舗の出店はキャンペーンを行なう絶好の動機付けとなる。特に、企業の命運を左右するほどの拠点店舗の出店の時はキャンペーンを行なう絶好の機会となる。

全社一丸となったキャンペーンにすることがポイントで、商品準備委員会、販促準備委員会、店舗施設準備委員会、教育準備委員会など全社的な準備組織をつくり、全社員を巻き込んだ出店キャンペーンにすることである。そして、開催日が迫るにつれて社内の雰囲気を盛り上げるようにする。

## 2 サンプリング・キャンペーンのすごい顧客密着効果

サンプリングは、メーカーが行なうキャンペーンの伝統的手法だが、最近はサンプルではなく商品そのものを大量に無料配布する企業も増えている。

例えば、イオントップバリュの新ジャンルビールのＰＢ（プライベート）商品「トップバリュ　麦の薫り」。

この「トップバリュ　麦の薫り」は発売日直前合計1万本を無料で配布するキャンペーンを行なった。

第一弾のサンプリング場所は、六本木交差点近くの路面に面したレンタルスペースで４０００本を用意し、夕方にはなくなったという。これが話題となり、メディアに取り上げられた。以前から試供品（サンプル）の配布は主流だが、単にサンプリングだけでなく、サンプリング自体をニュース化させ、どれだけテレビやウェブなどの媒体に取り上げられるか、ということが狙いだ。

デフレ不況下でマス広告を出す企業が減っているが、無料配布と銘打つことでマスコミの注目を引けば、企業側もタダで宣伝できるということなのである。

### ❖エンターテインメントの演出効果でサンプリングを成功させる

駅前や店頭など、人通りの多いところで配布するサンプリングは、インストア・プロモーションの定番だが、最近は単に手渡すだけでは消費者の反応は弱い。

もっとエンターテインメントの要素を強くして、消費者が楽しめるサンプリングの工夫が必要である。

例えば、お笑い芸人を使い、コントを行ないながら配布したり、着ぐるみを着て配布したり、といったこともできる。

小売店にとっては、街頭などで行なう試供品配布よりも、自店の店内で行ない、セールと連動させたサンプリング・キャンペーンのほうがメリットは大きい。ゴンドラエンドで大きく陳列を行ない、ここで試供品の配布を行なう。

しかし、試供品を準備しても、お客様に手渡さず、コーナーでほこりをかぶっている例がないわけではない。

こうしたことを考えれば、セールと連動させたサンプリング・キャンペーンを行なう動機にもなるはずだ。

### ❖試供品はオマケではない

せっかくメーカーから支給されたサンプルをオマケ程度にしか扱わず、有効に活用していないケースもあるが、試供品を上手に活用している薬局もある。

試供品をそのまま渡すのではなく、一工夫して渡している。

例えば、子供同伴客が来た時に、折り紙でつくった紙飛行機に試供品を添付して渡す。これだけで、お客様との会話が盛り上がってコミュニケーションが深まる。

### ❖待ち時間にリピーターにしてしまう

この薬局では、他にもいろいろな方法で試供品を活用している。

例えば、お客様の処方待ち時間にも試供品を活用している。

テーブルの上に「手づくり情報チラシ」に試供品を添付して置いている。チラシには、「お試しください！　暮らしに元気がでるサンプルです」と、キャッチコピーが書かれている。

健康食品の試食や試飲もすすめている。健康ブームもあって、非常に関心を示すお客様が増えている。ここでの相談から、リピーターになったお客様もたくさんいる。

専門店の強味をフルに活かしている例だ。

## 一工夫した試供品の渡し方

**▶試供品を一工夫して渡す薬局の例**

子供同伴客が来ると紙飛行機に試供品を添付（ホッチキスとめ）したものを渡す

「手づくり情報チラシ」に試供品を添付して渡す

# 3 ＤＶＤモニター設置で売上500％アップの驚き！

ＤＶＤ映像は、インストア・プロモーションの新しいツールである。その使い方を間違えなければ強力な販促ツールになる。また、驚異的な売上アップ効果を発揮させることもできる。適切な使い方のポイントとは次のようなことだ。

①何を放映しているか5秒でわかること（忙しい顧客はわからないものを数分も立ち止まって見ない。何を放映中か、ＰＯＰ広告を掲示する）
②訴求が直接的であること（イメージ映像のようなものは売場では効果が薄い）
③商品が常に画面に映り続けていること
④短くインパクトがあること（通りすがりの人の記憶にも残せる）

ＤＶＤは、主にメーカーで制作しているものが多い。ＤＶＤを用いた棚割り提案を行なうことで棚獲りにも効果があるということだ。

一般的でない商品や、機能的でそのメリットが陳列を通してでは伝わりにくいとか、商品の特徴を一目瞭然に伝えたい商品は、ＤＶＤ映像が効果的である。

## DVDモニター設置でダイレクトに伝える

▶モニター設置により売上数量5倍!
（カー用品の前年同月比　単位：個／月・店）

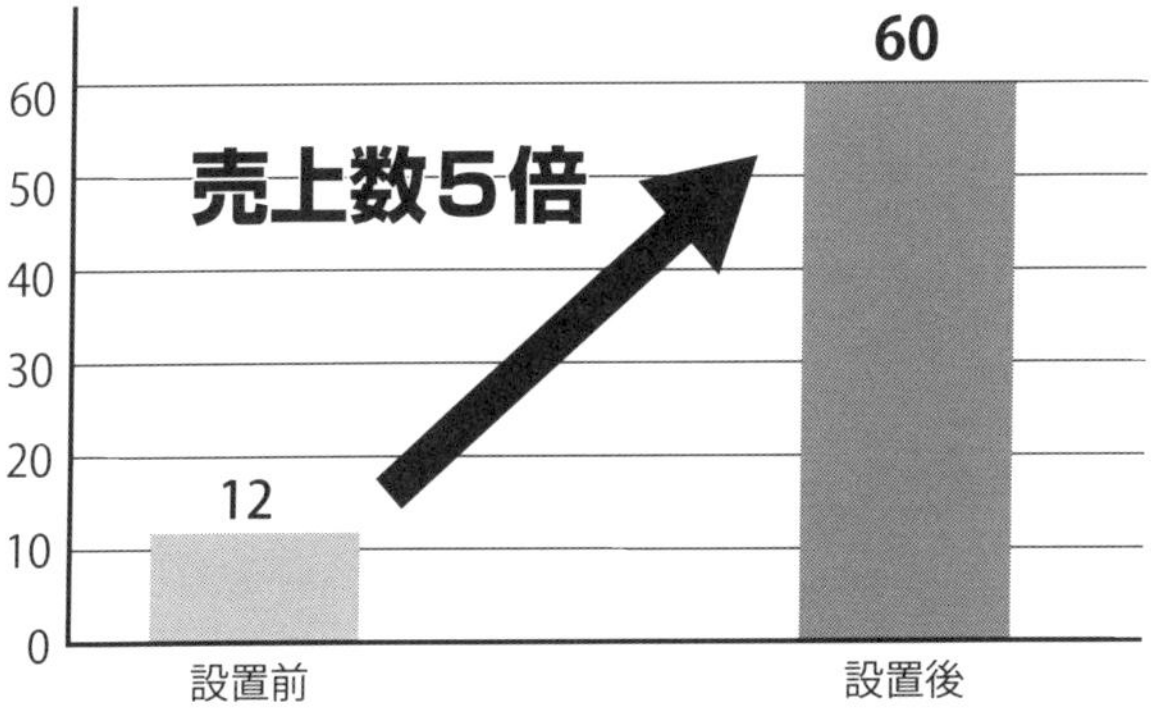


▶お客様に見てもらえるDVDモニター

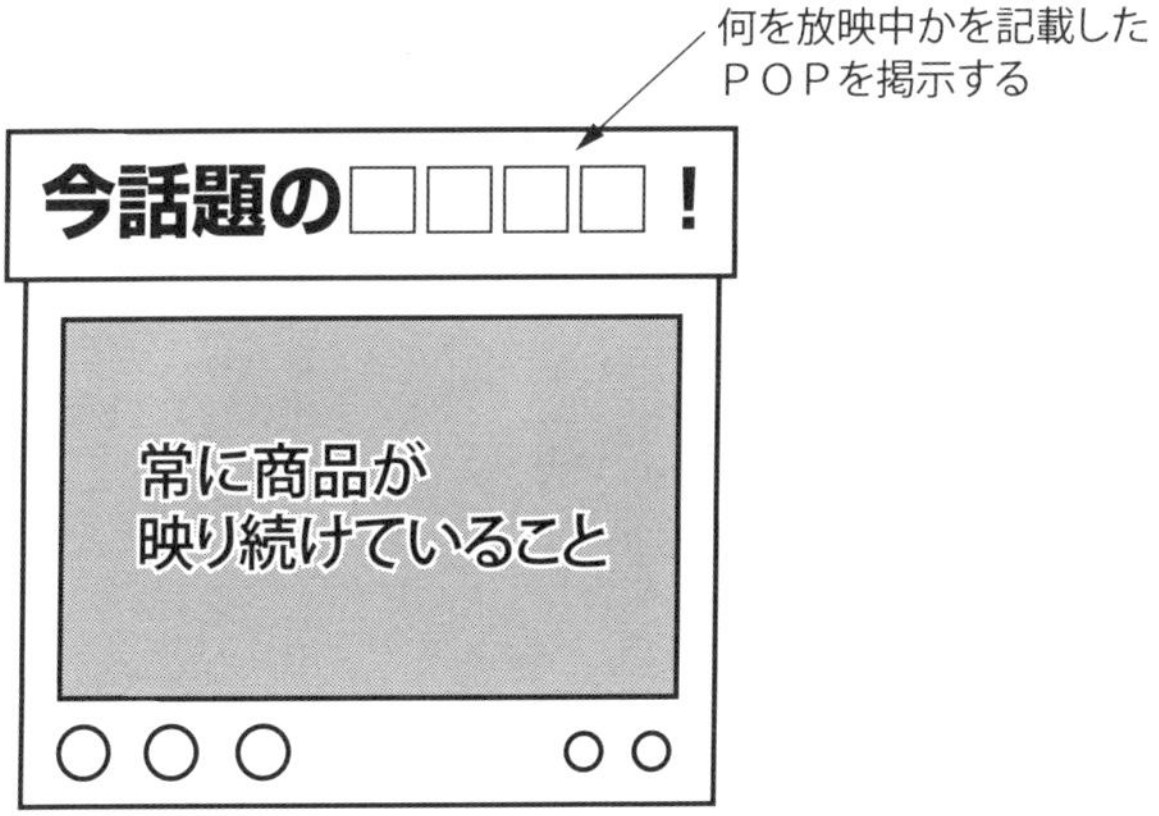

# 4 Webサイトを使ったモニター・キャンペーンでクチコミを形成する

消費者モニターによる消費者の声の収集はマーケティングの定番手法だが、従来のヒヤリング（聞き取り調査）による方法から、ウェブサイトを使った情報収集が主流になっている。どのように行なわれているのだろうか。

最近の消費者は、機能的な商品や専門的な商品だけでなく、一般的な商品もインターネットを使い、商品購入前に比較検討する傾向が強い。また、クチコミも重要視している。

そこで、インターネット上の人気サイトにタイアップ広告記事を出すのが効果的だ。

また、モニター・キャンペーンを実施し、例えば１００名様に商品をプレゼントし、その感想レポートをウェブサイト上に投稿してもらう。レポートを読んだ別の読者が商品を購入し、感想を投稿する。消費者の生の声が集まりクチコミを形成し、拡販を図るのだ。

企業にとっても、商品開発、商品改良などのヒントになることはいうまでもない。さらに、店内ＰＯＰ広告のネタにもなる。

## ウェブサイトを使ってクチコミを形成する

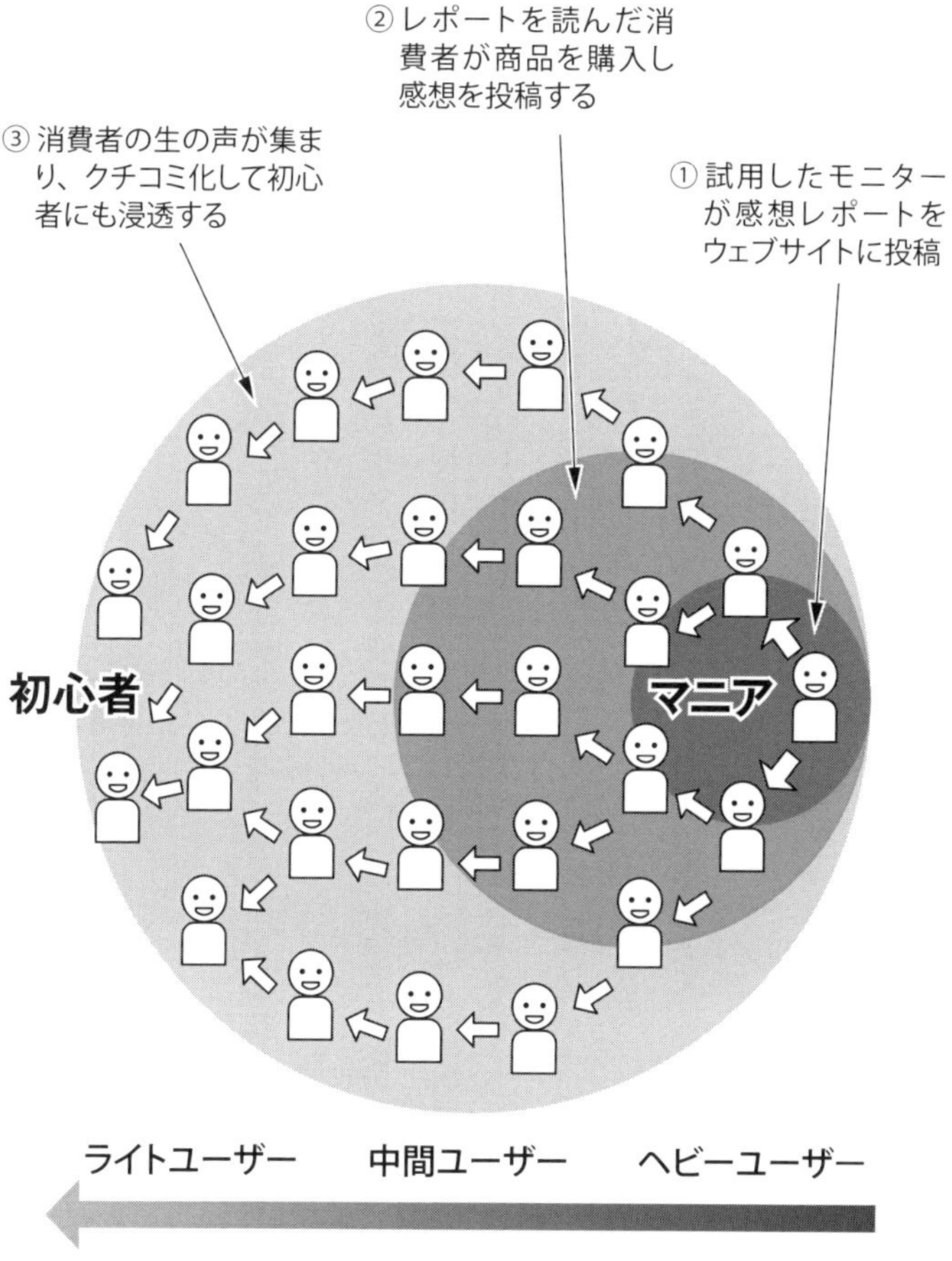

②レポートを読んだ消費者が商品を購入し感想を投稿する
③消費者の生の声が集まり、クチコミ化して初心者にも浸透する
①試用したモニターが感想レポートをウェブサイトに投稿
初心者
マニア
ライトユーザー
中間ユーザー
ヘビーユーザー

・インターネットでクチコミが広がる
・クチコミは初心者の潜在需要も喚起し拡販が図れる

## 5 ディスプレイコンテストをきっかけに！　売場の魅力大幅アップ

ディスプレイコンテストは、メーカーが主催する小売店のＶＭＤの技術を競うコンテストだ。ディスプレイコンテストは、①特定商品の仕入れを条件に、②これに関するＶＭＤ、ＰＯＰ広告などを施し、③店頭の目立つ場所で展開し、④その優劣を評価して、⑤賞品（オリジナルグッズなど）、または賞金を提供し表彰。⑥後日、冊子やウェブサイトなどで公表する、という順序で行なわれる。メーカーとのコミュニケーションが深まるイベントである。

メーカーの営業マンが各店に参加を促し、リテール・サポートを行なうことでメーカー側にも次のようなメリットが生まれる。①自社商品のシェアがわかる、②目立つ場所が空いていたりして、穴場がわかる、③小売店の自社に対する好意度がわかる、④普段は行けない地方の店にも訪店できる。

ＰＯＰ広告や販促ツールは、メーカー既製のものだけにせず、小売店の手づくりのものをたくさん取り入れる。小売店のＰＯＰ技術の向上とともに、メーカーにとってもユニークなＰＯＰ広告が集まるいい機会となる。

## ディスプレイコンテストで売場の魅力アップ

▶ディスプレイコンテストの準備をしている様子（書店の例）

▶ディスプレイコンテストの採点チェックリスト

| 採点項目 | 採点 |
|---|---|
| 機能がわかりやすく見えるか | 点 |
| セールスポイントを魅せているか | 点 |
| 試用しやすいディスプレイになっているか | 点 |
| ＰＯＰ広告は具体的な説明になっているか | 点 |
| 生活提案が感じられるか | 点 |
| 使いこなし方がわかるか | 点 |
| ブランドはアピールできているか | 点 |
| 「魅せる」と「売る」のメリハリのある陳列になっているか | 点 |
| カラーコーディネートは魅力的か | 点 |
| 照明方法は適切か | 点 |
| ディスプレイの構図にまとまりがあるか | 点 |
| 合計 | 点 |

## 6 店頭タイアップ・デモンストレーションで驚異的な売上達成！

店頭で行なうタイアップ・デモンストレーション販売では、１９８０年代の「プリントゴッコ」の販促が年末の風物詩ともいえるものであった。

今でも、その威力に変わりはない。文具店では筆記具が主力商品のひとつだが、高機能でおしゃれなシャープペンシルを店頭でメーカーと協調し、デモンストレーション販売したところ、なんと１日１００本の驚異的な売上があった。もちろん売り方に工夫をした。その場ですぐに名入れサービスを行なったのである。これが大好評でもあったのだ。

ＣＤ店では、店頭キャンペーンを行なう際に、メーカーのオリジナルのトートバックで販売している。ミュージシャンの写真がプリントされた、おしゃれなバックで人気を博している。バッグだけほしいというお客様もいたりする。

このトートバックが店頭に陳列されているので、お客様の関心を引いていることはいうまでもない。販売スタッフもモチベーションが上がり積極的に販売するので、売れないわけがない。タイアップ・デモンストレーションはタイムリーに行なえば、極めて効果的である。

**店頭タイアップ・デモンストレーションで驚異的な売上達成!**

# 7 懸賞キャンペーンでもお客様の心をつかめる

懸賞によるキャンペーンが、メーカーによって行なわれている。大型スーパーなどの売場をひと回りすると十数枚の応募用紙がすぐに集まる。

タイアップキャンペーンというよりもメーカー単独のキャンペーンという性格が強い。したがって売場での盛り上がりはほとんどない。懸賞も抽選のため当たる確率は低くお客様の反応も弱い。

現状ではインストア・プロモーションの技術として取り上げるには躊躇があるが、もっと店頭重視で、懸賞キャンペーンを展開していけば、販促につながる。

マス広告的な発想ではなく、店頭フォローをきめ細かく行ないながらの懸賞キャンペーンであれば効果は上がる。個店対応の懸賞キャンペーンになり、マス広告的なものより一見経費がかかりそうだが、費用対効果はやり方によっては、個店対応のほうが勝っているケースが多い。懸賞キャンペーンも、もっとお客様との距離感を縮めなければならない時代と認識すべきなのだ。

## 懸賞による景品類の提供に関する事項の制限

1. この告示において「懸賞」とは、次に揚げる方法によって景品類の提供の相手方又は提供する景品類の価額を定めることをいう。
   ①くじその他偶然性を利用して定める方法
   ② 特定の行為の優劣または正誤によって定める方法
2. 懸賞により提供する景品類の最高額は、懸賞に係る取引の価額の二十倍の金額（当該金額が十万円を超える場合にあっては、十万円）を超えてはならない。
3. 懸賞により提供する景品類の総額は、当該懸賞に係る取引の予定総額の百分の二を超えてはならない。
4. 前二項の規定にかかわらず、次の各号に揚げる場合において、懸賞により景品類を提供するときは、景品類の最高額は三十万円を超えない額、景品類の総額は懸賞に係る取引の予定総額の百分の三を超えない額とすることができる。ただし、他の事業者の参加を不当に制限する場合は、この限りでない。
   ①一定の地域における小売業者又はサービス業者の相当多数が共同して行なう場合
   ②①の商店街に属する小売業者又はサービス業者の相当多数が共同して行なう場合。ただし、中元、年末等の時期において、年三回を限度とし、かつ、年間通算して七十日の期間内で行なう場合に限る
   ③ 一定の地域において一定の種類の事業を行なう事業者の相当多数が共同して行なう場合
5. 前三項の規定にかかわらず、二以上の種類の文字、絵、符号等を表示した符票のうち、異なる種類の符票の特定の組み合わせを提示させる方法を用いた検証による景品類の提供は、してはならない

（公正取引委員会告示　景品表示法）

【著者略歴】

**永島幸夫**（ながしま　ゆきお）

株式会社日本リテイルサポート研究所代表取締役。中小企業診断士（経済産業大臣登録）。武蔵野美術短期大学卒業。

売場づくり、店舗設計をスタートにして経営指導から販売促進まで、流通業の総合的なコンサルティングを行なう。その範囲は、中小企業から年商1兆円を超える著名企業までと幅広い。メーカー・問屋の店頭マーケティングにも携わり、「メーカー」「卸」「小売」の流通三段階に豊富なコンサルティング経験を持つ。

37年間で2000店舗以上の指導にかかわり、「ミスター売場づくり」と呼ばれる販促・売場づくりの第一人者。ＮＨＫテレビ商業経営関連番組講師も務め、日本テレビなど民放各局にも出演、「日経流通新聞」など、流通業界専門誌紙にも多数執筆。2010年逝去。

主な著書に『「リテール・サポート営業」のやり方がわかる本』（同文舘出版）、『図解 売れる陳列売れない陳列』『売れる売場 売れない売場』（以上ＰＨＰ研究所）、『売場力を鍛える』（あさ出版）、『プロ店長になる８８の心得』（すばる舎）など多数がある。


**お客様にワクワク買わせる「インストア・プロモーション」のアイデアとテクニック**

平成22年9月8日　初版発行

著　　者 ―――― 永島幸夫
発 行 者 ―――― 中島治久
発 行 所 ―――― 同文舘出版株式会社
東京都千代田区神田神保町 1-41 〒 101-0051
営業 03（3294）1801　編集 03（3294）1802
振替 001000-8-42935　http://www.dobunkan.co.jp


ISBN978-4-495-59021-5
印刷／製本：三美印刷
Printed in Japan 2010